7日間で身につく!

驚異のテレアポ成功話法

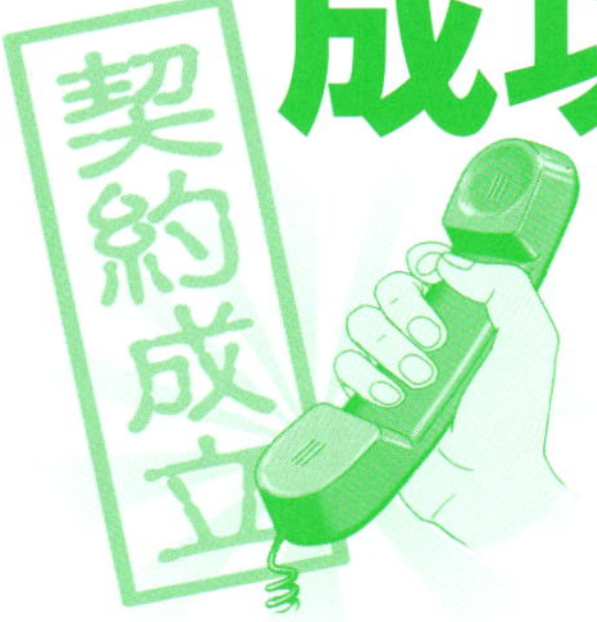

竹野恵介

同文舘出版

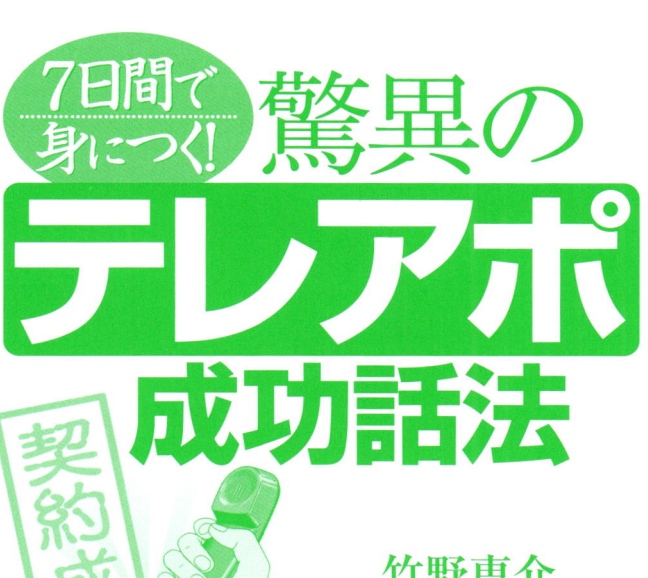

はじめに

本書は私にとって2作目の著書です。

テーマはテレアポの「スクリプト」——テレアポで話す内容の〝台本〟のことです。

前著『即効即決！　驚異のテレアポ成功術』では、スクリプトを〝老舗のお店の秘伝のタレ〟と表現しました。そのスクリプトを誰でも作れるように、この本を構成しています。

スクリプトの言葉は同じでも、構成の仕方、表現の仕方によって、同じ文字であっても強力な武器になります。このため本書では、構成方法、表現方法を中心にスクリプトの作り方をご紹介しています。

少し話が飛びますが、文明が発展した背景には、「言葉」と「文字」が生まれたことがあります。「言葉」は人から人へと広がり、人から人へ伝えられることが「情報」となって、文明・文化となりました。

テレアポのスクリプトは文字の集合体ですが、それだけでは意味がありません。その文字を、言葉としてどう表現していくかがポイントです。

つまり、構成だけでなく、表現の仕方をマスターしてこそ意味があるということです。

決まったスクリプトを使わないアポインターは、言うことがいつも違い、アポ率にもムラがあります。会話が終わったあとに〝何も残らない〟ということが原因のひとつと言えるでしょう。

スクリプトさえあれば、会話の内容を残したり、変更することができるのです。

テレアポに対する考え方やリストの精度も重要なポイントですが、実践するうえではスクリプトがすべてです。スクリプト通りにテレアポできるかどうかで、アポイント率は決まります。

どうしゃべったらいいのか？　何をしゃべったらいいのか？　これらを変えていくことで、スクリプトは完成に近づきます。

本書が、そんなテレアポのスクリプト作成の指南書となれば幸いです。

有限会社リンクアップスタッフ　竹野恵介

2日目 スクリプトを作ってみよう

3日目 スクリプトを改善しよう

4日目 スクリプトを使って話してみよう

5日目

お客様の断り文句を知ろう
――なぜお客様は断るのか？

6日目

お客様の「NO!」への対処法

7日目 テレアポ実践例

●カバーデザイン／藤瀬和敏
●カバー・本文イラスト／鈴木真紀夫
●本文DTP／クリエイティブ・サノ・ジャパン

プロローグ

テレアポにおけるスクリプト・応酬話法の重要性

この10数年で、私は何回スクリプトを作ったでしょうか？　数え切れないほど、スクリプトを作成してきました。

私がテレアポのコンサルティング・代行でいちばん最初にやる仕事が「スクリプトの作成」で、いちばん頭を悩ませるのも、「スクリプト作成」です。

このため、本書では「スクリプト」をテーマにまとめました。

そして今回は、スクリプトを中心とした次のような「7日間でできるテレアポ成功話法」という内容になっています。

1日目　テレアポにおけるスクリプトの役割
2日目　スクリプトを実際に作るポイント
3日目　スクリプトの改善ポイントや業界ごとの注意点
4日目　スクリプトを使って行なう話法

5日目　「お客様がなぜ断るのか」、その理由
6日目　お客様の反論と、それに対する応酬話法
7日目　皆さん同様にテレアポをしている方の実践例

テレアポ上達の近道――それは、よいスクリプト・応酬話法を作り、毎回その通りに話すこと。これを私は自身のテレアポ経験から学びました。
論理を理解して、対処法を学び、繰り返し行なうこと。とてもシンプルで簡単ですが、この順番通りに行なうことが、テレアポ上達の近道です。

なぜなら、テレアポは断られることが多い仕事ですから、毎回違うことを話していると、どのような話し方が効果的なのかを把握するのが困難になります。

そこでアポ率を一定にするためには、毎回同じことを言い続けて、その言葉がお客様に受け入れられるかどうかを確認する必要があります。

つまり、スクリプトに忠実に同じことを繰り返せばいいのです。

人間は、あるアプローチ（アポイントを取る、資料送付）にはある一定の同じ行動を取るため、それを記録して応酬話法とすれば、反論に対する切り返しも完成します。

スクリプト通りに話すことは、決して難しいことではありませんが、何もないところから作るのは大変です。

テレアポのコンサルティングをしている私の会社には「スクリプトだけを作成してほしい」という依頼も多く舞い込みますが、お引受けしていません。

と言うのも、スクリプトは依頼者のテレアポの流れをきちんと理解してからでないと作れないからです。

このため、全体的なコンサルティングとしてお引受けしています。

しかし、スクリプトだけの作成依頼は多いものです。これは、皆さんが「形」をお持ちでないからだと思います。

スクリプトは、なかなか「ゼロから作れない」ということだと思います。

また、応酬話法に関しても同様です。何度かメルマガやブログで、お客様から言われて困る言葉を募集したことがありますが、「こんなことで?」と思える基本の部分で困っている方が多いのには驚きました。

これも「形」を持っていないことや、反論に切り返した経験がないことが原因でしょう。

反論されたら、とりあえず何か言ってみると相手はさらに反応します。しかし、テレアポをしている多くの方は、最初に反論された段階で引き下がっているのではないでしょうか。

反論に対する切り返し、つまり応酬話法は、自分でトライしなければ磨かれません。テレアポ上達の近道は、よいスクリプト・応酬話法を作って毎回その通りにやること、と言いました。

しかし、スクリプト・応酬話法が作成できないという方が、思いの他多いのが現実です。これでは、テレアポは上達しません。

そこで本書では、スクリプト・応酬話法に的を絞り、スクリプト・応酬話法の考え方、作成方法や事例で全編を構成しています。

加えて、「テレアポはひとつのコミュニケーションである」という観点から、コミュニケーションに関することにも触れています。

よいスクリプト・応酬話法とテレアポのコミュニケーション方法を理解すれば、テレアポがもっと簡単に、そして楽しくなります。

テレアポは特別な行為ではありません。コミュニケーションのひとつです。皆さんが毎日行なっているコミュニケーション――人と会って挨拶したり、会話をしたりすること、とテレアポは何ら変わりません。

これからご紹介する方法を一つひとつ確認しながら、ステップアップしてください。

まずはテレアポの基本中の基本、スクリプトの意味・役割から始めたいと思います。

1日目

スクリプトの意味・役割を知ろう

TELEPHON APOINTMENT

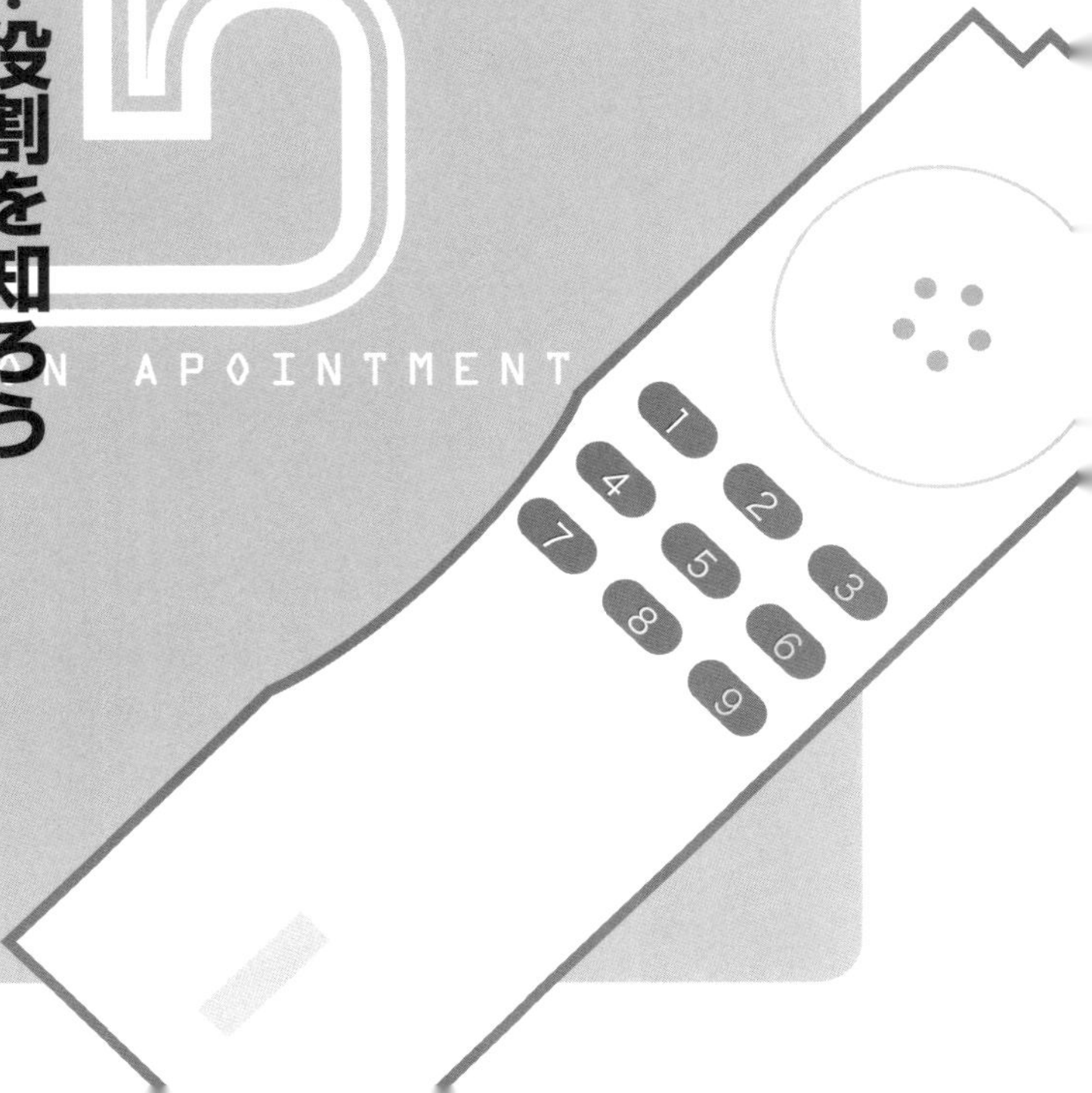

スクリプト（台本）は映画の台本と同じ

スクリプト（script）を訳すと「演劇・映画・放送の台本」となります。この訳からもわかるように、スクリプトと言えば「演劇・映画」です。よい映画には必ずよい脚本・台本があります。言うまでもないことだと思いますが、映画は脚本・台本から先に生まれます。「脚本・台本ありき」なのです。

なかには、フィクションの映画よりも実話（ノンフィクション）のほうが面白いと言う方もいるかもしれません。実話には実話の面白さ、映画などのフィクションにはフィクションの面白さがありますが、いずれにしても映画には台本が存在します。そして、映画の良し悪しは台本によって左右されることが非常に多くあります。

反対に、台本のない映画はまったく面白くありません。

役者が勝手にセリフをしゃべっても、よほど表現がうまくないと面白くはありません。その場合、役者が全体をコントロールできていないからです。つまり台本には、全体を統率する・コントロールするという重要な役割があるのです。

同様に、テレアポのスクリプトの意味と役割も、テレアポをコントロールすることにあります。スクリプト（台本）がなければ、会話をコントロールできないのです。

スクリプトにはまず、あなたが話すこと、次に相手の方が話すであろうこと、それに対してあなたが話すこと、が書いてあります。

相手の話す内容は大体決まっているものなので、よくあるセリフが書かれています。

スクリプトという台本をもとに、テレアポという映画を演じるのがあなただとすると、監督はただひとつ、こう言うでしょう。

「スクリプトからズレないこと」

スクリプトからズレると、コントロールが効かなくなります。テレアポはコミュニケーションのひとつなので、コントロールできなくなれば、会話の収拾がつきません。収拾がつかなくなると、アポが取れない、という結果が待っています。

そういう意味で、「スクリプトはテレアポの主役」と言っても過言ではありません。

ポイント
スクリプトは映画の台本。台本からズレないように演じよう

スクリプトのある会社とない会社の違い

スクリプトの意味・役割は、スクリプトのない会社の状況を見るとよくわかります。

スクリプトのない会社のテレアポは「勘」で行なわれています。基本的なパターンがないので、皆が自分なりに考えて行なうのです。

自分流でやっているため、他人とスクリプトを共有したり、意見交換をしてスクリプトをブラッシュアップすることもありません。

一番悪い点は、「書かれたものがない」ということです。

こういう場合、「会社からやれと言われたので、何となくやっている」という雰囲気で、「とにかくやれ」という方針しかないところがほとんどです。

これは、具体的な数値目標もなく「ただやっている」状況なので、テレアポするメンバーのモチベーションが低下し、「やりたくない」という気持ちが芽生え、テレアポから理由をつけて逃げ始めます。社員の士気も低下します。

ときどき、こういう状況の会社の方が、私の会社にテレアポのコンサルティングや代行依頼をしてきます。

その際、私はまずその会社のテレアポの状況をお聞きします。

そこでスクリプトの有無を聞くと、スクリプトのない会社の場合、これまでどうやっていたのかという問いに「いゃあ、まぁ……」と曖昧な答えが返ってきます。

つまり、「ただ、やっていただけ」なのです。データの記録もほとんどありません。だからこそ、依頼されるのですが……。

スクリプトのある会社のお話を聞くと、スクリプトの構成に問題があるなど、改善点がすぐにわかります。

しかし、スクリプトのない会社の場合はポイントがわからないため、時間をかけて一つひとつ作りあげていくことになります。社員のテレアポへの意識改革から始めるので、時間と労力がかかります。

スクリプトの有無で、これだけの違いが出てしまいます。

テレアポをする際の話し方、表現の仕方など、テレアポでは形のないものを扱うことが多い中、スクリプトは唯一、形のあるものなのです。

ポイント
スクリプトがあれば改善が容易

トークを紙に書かずにテレアポを始めると

本書を読んでいる方は、ほとんどが仕事をされている方や営業の方だと思います。

そこで、あなたが初めて新入社員として出社した日、または初めて営業に行った日を思い出してください。

誰か他の方のサポートはありませんでしたか?

会社の初日なら、総務や上司の方がある程度サポートして会社を案内します。営業なら、誰かと一緒に同行するケースが多いと思います。会社概要や、商品・サービスを知らない人を1人で営業に行かせることは少ないと思います。

テレアポのスクリプトはこれらのサポートと同じです。あなたを導いてくれる地図のようなものですから、スクリプトのない状態でテレアポを始めることは、まったく言葉の通じない知らない土地を、1人で地図もなく歩くようなものです。

その場合、必ず道に迷います。なぜなら、言葉がわからないので道を聞くこともできないからです。

トークを紙に書かずにテレアポを始めると必ず言葉に詰まります。トークの内容は、覚えたつもりでも忘れるものです。テレアポという声だけのコミュニケーションで言葉に詰まることは、死を意味します。

スクリプトさえあれば、言葉に詰まっても、見て話すことができます。

今まで私が相談に乗ったり、コンサルティングをした会社の多くは、スクリプトがありませんでした。そこで、スクリプトの作成から始めます。まず、スクリプトを作らないとテレアポの練習はできません。

そう、スクリプトはテレアポの基本中の基本なのです。

私がテレアポの仕事をするようになってから、「あの時にスクリプトがあったら」と思う場面がひとつだけあります。それは、中学生の時に好きな女の子に電話で「好きです」と告白した時です。

電話をかける前に、練習に練習を重ねたものの、いざという時には「頭が真っ白」です。しどろもどろで何を言ったのか覚えていませんが、「ごめんなさい」と言われたことだけは今でも鮮明に覚えています。もし、あの時にスクリプトがあったら……。

ポイント

スクリプトさえあれば、言葉に詰まっても見て話すことができる

まず、言葉をインプットする

スクリプトをうまく話すためには、たくさん「インプットすること」が必要です。何をインプットするのかと言うと、スクリプトを実際に使っている人たちのテレアポの実例です。

例えば、先輩や同僚のやっているテレアポや、どこかのコールセンターの受け答え、普通の電話の受け答えを、よい例も悪い例もすべて学ぶことです。

広い意味での「電話でのコミュニケーション」の事例を学ぶことです。

インプット量の豊富さは、その後のテレアポのスクリプト作成に影響します。

よく言われていることですが、インプット量が多ければアウトプットの量は増えます。

試験勉強の場合、教科書、参考書や授業や講義でたくさん学んで、頭に入れた情報量が多ければ多いほど、試験ではよい結果が出せるのです。

テレアポも同様です。

たくさんの事例を耳から入れると、頭が勝手によい例と悪い例に分けてくれます。あなたは、他の方のテレアポを耳で聞くのと同時に、自然に目で見ています。聞くのと同時に見て、また、体全体でも感じています。

簡単に言うと、悪い例（断られている）を見聞きすると、そのイメージが頭に残ります。「言い方が悪い」「早くしゃべっていたらから悪い」などの、「悪いという感じ」が自然に頭に残るのです。

このようなインプット量が多ければ多いほど、自分の中に判断基準が作られます。「このやり方はうまくいきそうだ」というような感覚です。

テレアポは基本的に、「耳で聞いて口から話す」ものです。耳からインプットして、口からアウトプットするといった具合です。

ですから、テレアポの受け答えをたくさん耳からインプットすることによって、その後のスクリプトの質がよくなったり、反論への対応力が培われます。

よいミュージシャンは耳がよいと言います。スクリプトをうまく話すということはテレアポがうまいということですが、その基本は耳から入れる情報です。

ポイント

テレアポの上達には他人の電話の話し方・受け答えをたくさん聞くこと

インプットしたものをアウトプットする

インプットしたものをアウトプットするとは、耳で聞いたフレーズや文章を書き出してみることです。

部分やパーツで構いません。耳で聞いたことをバラバラと書き出してみてください。気に入った言葉や語感のいい言葉をまず並べてみます。順番も考えずに、思いつくまま頭から出してみます。

この作業をしていると、ときどきとんでもない場所でフレーズを思いつくことがあります。私の場合は電車やトイレ、お風呂に入っている時に思いつくことがよくあります。

携帯電話がある時はメールで会社のアドレスへ送信しますが、厄介なのはお風呂に入っている時です。私の自宅の脱衣所にはメモ帳がありますが、この脱衣所では後ほど説明するキャッチコピーが生まれています。

あとで何かにメモしようとすると、必ず忘れます。私はお風呂で思いついたことをメモ帳に書く前は度々忘れていました。

作曲家の方も言っていますが、閃《ひらめ》きやフレーズが降りてくる時は突然で、ある名曲は寝ぼけて録音した枕元のラジカセから生まれた、という話もあります。

スクリプトを作るうえでは、ひとつのキャッチコピーが重要なこともあるので、インプットしたものを、常にアウトプットできるように訓練しておくことが重要です。

インプット量を多くしてアウトプットする訓練をしておくと、予想もしていなかった反論をされた時でも、不思議と言葉が出てくるものです。

ポイント
耳で聞いたフレーズや文章をいつでもアウトプットできるようにしておこう

トークを紙に書く・声に出して読む

トークを紙に書き出す時に大事なことは、「実際に話す内容を書く」ことです。頭の中にしまっていても、書かないことには意味がありません。

たまに「スクリプトは頭に入っているので書かなくて大丈夫です」と言う方がいますが、そういう方のトークを聞くと、そのつど内容が違います。アポ率もバラバラです。

スクリプトを作成する行為は、自分がどんなことをどういう順番で話しているのか、自分自身で整理することにもなります。これを確認するだけでも意味があります。

普段言っていることを書くと、これが適切なのかどうか、頭を整理することができます。

また、よそ行きの、普段使わないような言葉をスクリプトで書いても意味はありません。

私がスクリプトを書く時は、実際に「紙に手で」書きます。あとでデータを保存したり書き換えるために、パソコンにも入力しますが、まずは太字の万年筆で白い紙に書きます。

なぜかと言うと、パソコンに入力するスピードは話すスピードとは違うからです。

「入力→変換」という作業が入るので、話すスピードと一致しません。

これはかなり個人的なことかもしれませんが、私の場合、スクリプトを手で書くスピードと話すスピードはほぼ同じです。

そんな作業の中で何パターンか作成して、「このフレーズをこちらに」などと修正を繰り返して、スクリプトを練りあげていきます。

スクリプトは紙に書かれた段階では、生きていません。まだ、文字の羅列にすぎません。

次に、スクリプトに命を与えましょう。命を与えるというのは、一度あなたが言葉として発することです。コミュニケーションの手段として使うことです。

スクリプトを読む、話すコツは後述しますが、この段階では普通に話せるかどうかを確認してください。スクリプトを声に出して読んで、言葉として流れているかどうかを確かめます。ここでは、声に出して、詰まらずに発声できるかどうかを確認するだけで構いません。

ちなみに私は実際に言葉を声に出しながらスクリプトを書いています。話すリズムを確かめながら書くことが、私にはしっくりくるようです。

ポイント

紙に書き出すことで、自分の話していることを整理できる

自分の言葉で話す、話しづらい言葉を排除する

スクリプトを声に出して、詰まらずに話せたら、次の段階に進みます。

次は「自分の言葉」であることを確認してください。特に、普段まったく使わない言葉を使わないように注意します。

例えば、普段「わたし」と言っている人が「わたくし」と言うと、無理が生じます。あまり無理をすると、伝わりにくいスクリプトになってしまいます。

スクリプトは、正しい日本語を使うことよりも、相手に伝わることが重要です。

その意味では、方言も重要です。

方言は普段使っている言葉です。方言の重要性は後述しますが、スクリプトを話す際はまず、「自分の言葉」であるかどうかを確認することが先決です。

「自分の言葉」を取り入れることを意識するのと同時に、「話しづらい言葉」を排除することも大切です。

例えば、「特許」という言葉は、それだけを独立して使う場合は問題ありませんが、早

口言葉にもあるように、「東京特許許可局」という組み合わせになると、とたんに話しにくくなってしまいます。

そういった、自分にとって言いにくい言葉を取り除くのです。

私はある会社のテレアポを代行する際、スクリプトの中の「特許を取得」という言葉が言いにくかったので、「特許を取った」と変えました。

話の流れ、語感を重視したほうが、相手に言葉が伝わります。

特長としてどうしても伝えなければならない、というケース以外は、言いやすいシンプルな言葉を使い、流れるような構成にしてください。

何度も話して口になじませることが重要です。

先述したように、スクリプトは相手とのコミュニケーションのための台本です。

スクリプトを作成する時に硬い文章や普段使わない言葉を使ってしまうのは、電話が「相手の見えないコミュニケーション」なので、難しく考えてしまっているからだと思います。

対面でのコミュニケーションと同様に考えてみてください。

ポイント

「言いやすく」「シンプルな」「自分の言葉」を使おう

質問の答えによって道が二つに分かれる場合
（50ページ参照）

○は会社名・個人名
△は先方の部署・担当者名
□は業界の全体名称等
◇は商品・サービス

→YESの場合　→NOの場合

「ありがとうございます。つきまして、＿日の＿時と＿日の＿時のどちらがご都合がよろしいでしょうか？」

「そうですか。実は多くの方が最初はそうおっしゃるのですが、お話を聞いていただくと「なるほど」とおっしゃってくださいます。ただ、○○様が「なるほど」とおっしゃってくださるかどうかは、お話を聞いていただけないとわかりません。ご判断は○○様にお任せいたします。ぜひ一度、お話を聞いてご判断ください。つきましては、＿日の＿時と＿日の＿時のどちらがご都合がよろしいでしょうか？」

いったん相手のNOを受ける。YES-BUT方式

日時を決め、再度、会社名・名前・電話番号を伝える

「お会いできるのを楽しみしています」

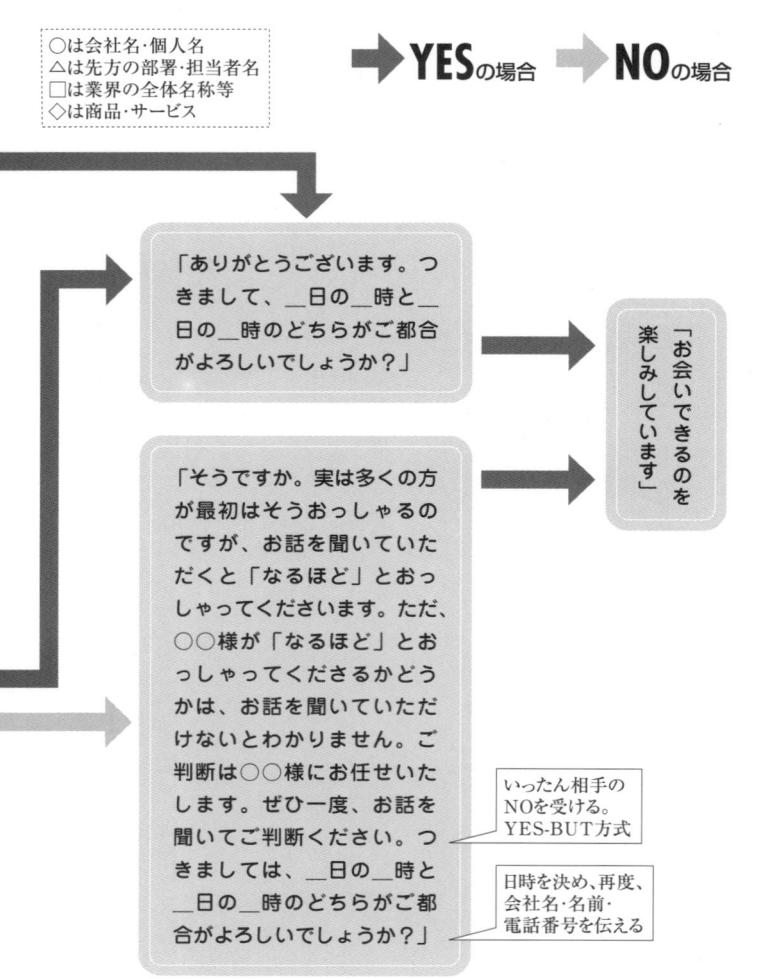

SAMPLE TALK 1

「私　◇◇を行なっております、○○の○○と申しますが、△△の方はいらっしゃいますでしょうか？」

必ず、何をしている会社か伝える

「突然にすみません。私◇◇を行なっております、○○の○○と申しますが、少々お時間をいただけますでしょうか。現在□□の皆様に◇◇のご案内を差し上げております。当社は◇◇を□□様に特化して行なっておりまして、□□の皆様に非常に喜ばれております」
「現在◇◇はお使いですか？」

少しゆっくりと、相手の呼吸を感じながら

下線部分は特にゆっくりと第三者の影響力を使って

使っている

「そうですか。実は当社は先ほども申し上げましたが、□□の皆様に特化しておりまして、独自のノウハウを持っております。
既に◇◇をお使いでしたら、当社がいいかどうか、少しの時間お話をさせていただければ、ご判断いただけると思います。ぜひ一度、お会いしてお話をさせていただきたいのですが」

使っていない

「そうですか。実は当社は先ほども申し上げましたが、□□の皆様に特化しておりまして、独自のノウハウを持っております。
御社にとって役に立つ話かどうか、一度お会いしてお話をさせていただきたいのですが」

スクリプト作成のために

スクリプトはテレアポするうえで欠かせない“台本”。
あらかじめ紙に書いておく必要性を認識する

先輩・同僚の話す言葉、どこかのコールセンターの
受け答えなどをできるだけ集める（インプットする）

インプットした言葉のうち、気に入った言葉・語感の
いい言葉を並べる。思いついたフレーズをメモしておく

言葉・フレーズを紙に書き出す。
声に出して、詰まらずに発声できるかどうかを確認する

“自分の言葉”で書かれているか・
“話しづらい言葉”が含まれていないかを確認

2日目

スクリプトを作ってみよう

TELEPHON APOINTMENT

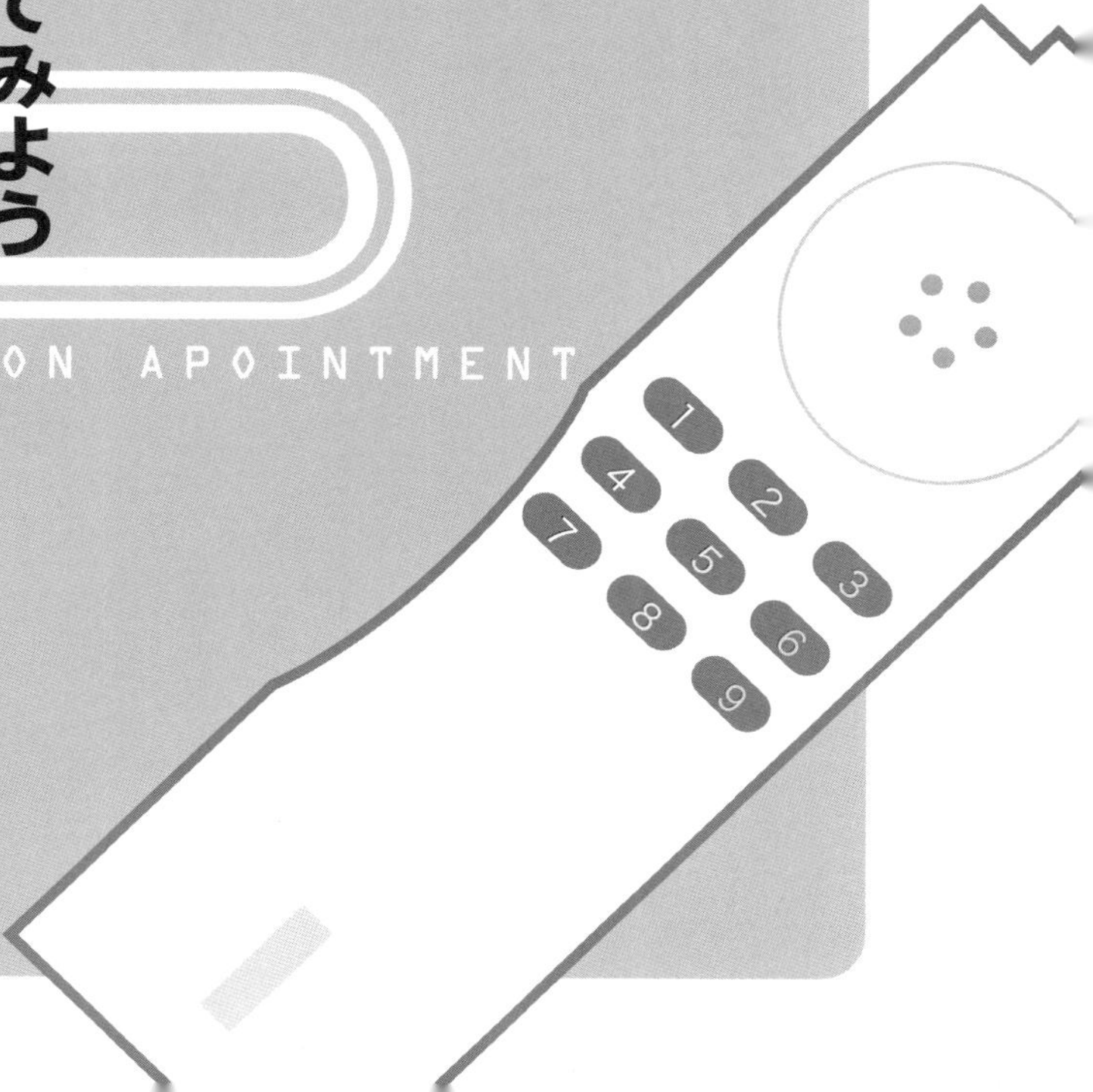

何から書くか？
——オファー・目的が重要

この章では、実際にスクリプトに書くべきことを説明していきます。

スクリプトの構成で、一番重要なのがオファー・目的（打ち出し）です。

テレアポは基本的に「会う」という約束を取りつけるための方法ですが、何のための約束かを表わすのが、「オファー・目的」です。

例えば、新商品の紹介なのか、キャンペーンの案内なのか、新規取引のお願いなのか。目的は色々あると思いますが、ここで注意することは、「相手は、何かメリットがあれば会う」ということです。反対に、メリットがなければ会ってくれません。

新商品の紹介・案内は、オファーとして若干弱い場合があります。すでに今ある商品で満足しているケースが多いでしょうから、相手はほとんど心を動かされません。

また、新商品に圧倒的な特長がある場合は別ですが、なかなか新商品の特長は電話では伝わりづらいものです。

私が以前、人材紹介会社に勤務していた時は、新規開拓のために、日経新聞の日曜版の求人欄で求人している会社にテレアポをしていました。

人材紹介会社には登録者がたくさんいます。登録者の中から求人している会社の求める人材に合う人を探して、「新聞の求人欄を見ましたが、それにぴったりマッチする方がいます」とテレアポしていました。

これはかなり高い確率でアポが取れました。相手にメリットがあるオファーだからです。オファーを考えるのは難しいことですが、経済的なメリットや安さというものは比較的、誰にでも受け入れられるオファーです。

オファーしだいで会えるかどうかが決まるため、じっくり考えることが重要です。

次に、もうひとつの側面からオファー・目的が重要なことをお話しします。

電話の目的を伝えることに関しては、前著でも触れていますが、そもそも、なぜ目的を伝えなければならないのでしょうか?

それは、テレアポのほとんどが〝突然の電話〟だからです。相手の状況もさまざまですから、それほど長い時間、相手が話を聞いてくれるわけではありません。

そこで、「結論を先に伝えるやり方」を取るのです。これを前提に考えると、最初に電話に出た方が誰であっても同じように、電話の目的を伝えなければなりません。「何の電話」で、「どこにつないでほしい」が必要です。

目的と担当部署を最初に伝えると、受付の方は担当部署につないでいいのかを判断できます。受付ではなくたまたま電話を取った人の場合でも、「目的」と「担当者」がわかればどこへつないでいいのかがわかります。

これが重要です。

もし、何の電話か告げないと、受付の方が電話をこのようにつなぎます。

受付　「○○さんから電話です」
担当者「誰？　何の用かな？　売り込み？」
受付　「たぶん、売り込みです」
担当者「じゃあ、断っておいて！」

しかし、あなたはこのやり取りを聞けません。おそらく最後にこう言われると思います。

「今、不在です」

また、会社名と名前だけを告げて何の電話かを告げないと、相手の方は「ご用件は？」と聞きます。「何の電話」かを告げないと、電話に出た方は警戒してしまいます。

これが時間のロスにつながります。

聞かれてから話す場合、簡単な説明でなく、一所懸命に長く伝えなければならないのがほとんどです。まず、最初に電話に出た方を突破しないといけません。そして、この説明が要領を得ないと、担当者につながりません。

さらに、最初に電話に出た方にいろいろと説明していると、時間がかかり、実際の担当者につながった時はしゃべり疲れている、ということもあります。

一所懸命に説明すべき相手は、最初に電話に出た方ではなく、担当者です。

つまり、ちょっとしたことですが、「電話の目的」を告げることは、テレアポの会話の流れをスムーズにするうえで重要な意味があるのです。

ある会社では、最初はスクリプトを用意しておらず、会社名と名前だけを告げていました。その時は、担当者につながるまでに時間がかかり、苦労をしていましたが、スクリプトを作り、最初に「目的を告げる」ことを入れただけで、担当者にすぐにつながるようになりました。また、１本の電話時間も短縮されたという成果が出ています。

ポイント

最初に目的を告げるとテレアポの流れがスムーズになる

キャッチコピーを考える

テレアポには広告・宣伝の要素があります。

広告のキャッチコピーがよければ商品を買ってもらえるのと同様に、よいキャッチコピーが相手の耳に残れば、テレアポの話を聞いてくれます。

マーケティングの先生にジョセフ・シュガーマンという人がいます。彼の著書に『全米NO．1のセールス・ライターが教える　10倍売る人の文章術』（ジョセフ・シュガーマン著・金森重樹監訳　ＰＨＰ研究所）があります。

彼は著書の中で、ある商品のキャッチコピーを考えるために、その会社の研究所まで行って技術者に質問したり、顕微鏡をのぞいたりして2日間をかけて特長をつかみ、キャッチコピーを思いついたと言っています。

シュガーマン曰く、過去の経験から簡単に思いつくこともあれば、このケースのように、時間をかけてじっくり考える場合もあるそうです。

ポイントは、お客様に訴えかける最高のキャッチコピーを作ることです。

私はテレアポ代行業をしているため、さまざまな会社のいろいろな商品・サービスのスクリプトを作成します。

名古屋市の株式会社ＷＯＬの西﨑社長に「suiro」という商品のテレアポ代行を依頼された時、シュガーマンの方法を使ってみました。

suiroは今までの浄水器とは違い、水道のもとのところに設置するので、浴室、洗面、トイレ、キッチンなど、住宅すべての水がきれいになるという浄水システムです（http://suiro.jp/）。

カタログや製品仕様を読み込んで疑問点を繰り返し質問したところ、高純度のセラミックを使っていて、特許も取っているなどの特長もあるのですが、テレアポのスクリプトとしては、あまりしっくりきませんでした。

そうした時に、カタログに書かれているワンフレーズが私の頭に入ってきたのです。

岩魚（イワナ）が飼えるほどの清らかさ

この商品の特長を説明するにはぴったりの言葉で、インパクトもあります。そしてこの商品のキャッチコピーは「イワナも住めるきれいな水ができる浄水システム」となりました。

このコピーをテレアポで言うと、反応は大きく二つに分かれます。

「何だ、それ?」「イワナって魚の岩魚?」という驚きの反応。あるいは「笑われる」。

私は、テレアポにおいて「笑い」は最高のコミュニケーションだと思っています。相手が笑うことは、相手の心をつかんでいることを意味するからです。

キャッチコピーは会社の特長、商品・サービスの特長を表現するための武器です。使い方しだいでよくも悪くもなることに注意しましょう。

ポイント

お客様に訴えかけるキャッチコピーがあれば、テレアポの話を聞いてもらえる

最初に電話に出た方へのアプローチ
(ガチャ切りされないために)

スクリプトを作成するうえで忘れてはならないのは、「最初に電話に出た方にどうアプローチするか」です。

これをないがしろにすると、〃ガチャ切り〃されてしまいます。

「そんなこと言ったって、実際の担当者にアポを取るのだから関係ないでしょ」と感じるかもしれませんが、この段階ですでにテレアポの駆け引きは始まっているのです。

最初に電話に出た方へどうアプローチして、その方がどのように担当者に伝えるかによって、担当者が電話に出てくれるかどうかが決まるからです。

男性には経験があるかもしれませんが、中高生の頃に彼女の自宅に電話をして、彼女のお父さんが電話に出ると厄介です。

昔は携帯電話などありませんから家の電話にかけるのですが、夜間だとお父さんが出ることが少なくありません。お父さんが出るとこっちはしどろもどろで、別に悪いことをしているわけではないのにきちんと電話の目的が言えません。

私　「あの……○○さんと同級生の竹野ですが、えーっと……、○○さんはいますか?」
お父さん「何の用だ?」

ここです。

お父さんに強い口調で聞かれると、大抵の男の子は怯んでしまうでしょう。

仮に何とか答えたとしても、次には「娘はいない」と言われてしまいます。

話が少し逸れましたが、テレアポする時も、誰が電話に出るのかはわかりません。気を抜かずにこの段階からきちんとしたテレアポをすることです。

次の一節で詳しく述べますが、テレアポのアプローチで大切なことは「目的を告げること」です。彼女のお父さんにはちゃんと電話の目的を告げなかったので、電話を切られてしまったのです。

ポイント
最初に電話に出た方に目的を伝えないと、担当者につないでもらえない

担当者が出たら

電話に出た方に目的を伝え、やっと担当の方が出てくれました。

さて、担当者が電話に出たら、ここからが本番です。

もう一度、電話の目的を告げて時間がもらえるかどうかの確認をするスクリプトを作ります。最初に電話に出た方に目的を伝えていて、担当者にもすでに伝わっているかもしれませんが、あなたと担当者の方とは最初のコンタクトです。ここでしっかりと礼節を持って進めることが必要です。

よくあることですが、担当者にたどり着くまでに待たされて時間が経っているので、早くアポが取りたいとあせっては本も子もありません。今一度落ち着いて、オファー・目的を伝え、時間がもらえるかどうかを確認するスクリプトが必要です。

会社名・名前を告げる

「会社名・名前を告げる」ということに関しては、私はあまり重要だとは思っていません。失礼な話かもしれませんが、相手の方は、私の会社を含めてあなたの会社名を知らないはずです。

私の会社は有限会社リンクアップスタッフですが、すべて言うと長いので「リンクアップ」と言っています。相手の方は会社名の細かい点まで気にしていないからです。

最終的にアポが取れた段階で、自分の会社名・名前・電話番号を伝えるので、スクリプトの途中では気にしません。相手がこちらの会社名を間違えていても直しません。

そんなことよりも、アポが取れるかどうかのほうが大事です。

また、自分の名前についても同様のことが言えます。

私の名前は「タケノ」です。しかし、よく「タケダ」さんと言われます。

ゆっくり「タ・ケ・ノ」と言いますが、それでも間違われます。

この時も気にしないで、スクリプトに沿ってどんどん会話を進めます。

社名に関しては、語呂が悪い場合や何をしている会社かわかりにくい場合、「○○研究会」と変えることもあります。これはすべて「アポを取るため」です。

何のためにテレアポをしているかを伝えること、電話の目的、キャッチコピーやオファーの仕方が重要なのであって、会社名や自分の名前に重点をおいていないというわけです。

会社の特長、商品・サービスの特長を伝える

会社の特長、商品・サービスの特長を伝えることは、オファーやキャッチコピーと同じくらい重要です。

「○○専門会社」（○○の中には、エリアや業種・職種を入れます）、「○○地区専属」の建築会社、「○○専門」の派遣会社（経理専門の人材紹介会社など）。簡単に相手に伝わるように、このような言い方をスクリプトに入れておきます。

私の会社は、ある業務では「リゾートホテル専門の派遣会社」となり、別の業務では「個人事業主専門の記帳代行会社」と伝えるスクリプトがあります。

テレアポのリストがきちんと絞り込まれて、ターゲットが絞れていると、これを聞いた相手は、「うちの会社に必要なものだ」と思うはずです。

マーケティング的な観点からも、「女性専門」と漠然と書かれた広告より、「独身女性専門」とさらに絞ることで、対象者の反応は高まると言われています。

テレアポの場合は、ある程度リストの段階でターゲットを決めています。当然、そのターゲットに合うように、会社の特長、商品・サービスの特長を伝えることが重要です。

ポイント
会社や商品の特長を絞り込んで伝えることが重要。社名や自分の名前はその次

特長がない場合のテクニック

テレアポ代行やコンサルティングで、スクリプトを作成する時に困るケースがあります。それは、よいオファーやキャッチコピーや特長がない場合です。競合他社も多く、本音を言えば、「これは困った」というくらい特長がなく、頭から捻り出そうとするものの、こじつけに近い時もあります。

そんな時は、「ご案内」で逃げます。

「初めてお電話させていただきます。今度この地区を担当させていただきまして、ご案内なのですが――」「新商品のご案内なのですが――」「○○が安くなるご案内なのですが――」

「ご案内」は多くの方がテレアポで使っています。できれば使いたくない表現ですが、この方法以外にない場合は仕方がありません。ご案内後の会話に工夫を凝らしましょう。

ポイント

どうしても特長が見つからない商品・サービスの場合、「ご案内」という表現もある

最初のコミュニケーション「質問をする」

さて、私は「テレアポはコミュニケーションのひとつの手段」と言い続けています。ただ、テレアポは声しか使えないため、他の手段よりも劣るコミュニケーションです。テレアポのスクリプトを作成する場合も、コミュニケーションの手段だということを念頭に置いて作成する必要があります。

コミュニケーションは通常、相互に意思疎通しながら行なわれます。

Aさんが話したら、それに対してBさんが話す。

会話は、キャッチボールをするように交互に投げ合うとよいと言われます。マーケティングの理論では、お客様を購買に導くために、接触頻度を上げることが重要だと教えています。

一度より二度、二度より三度と。

お客様とのコミュニケーション頻度を上げることによって、親しみがわき、その感覚が「この人・このお店なら信用できるから、買ってみよう」となります。

これをテレアポに当てはめると、どうなるでしょうか?

一方的に話してしまって、最後に「必要ない」と切られてはいませんか?

また、一方的に話しかけるスクリプトになっていませんか?

そこで、スクリプトを作成する際に、相手とのコミュニケーションの機会を設けましょう。簡単なことです。「質問をする」——これだけです。

通常のテレアポのスクリプトでは
「○○のご案内ですが、ぜひ一度お会いしてご説明させていただきたいのですが」

このようにすぐに結論に持っていきがちです。

電話を切られないために結論を急ぐ気持ちはわかりますが、ここはぐっと堪えて「質問をする」のです。

なぜ、質問するのかと言うと、ここまでのスクリプトでは「オファー」「電話の目的」「キャッチコピー」「会社名・名前」「会社の特長、商品・サービスの特長」を書いているだけで、まだ相手は話していません。

これでは会話のキャッチボールにはなりませんから、質問するのです。

では、何を質問するのか?

「商品の案内」の場合は、類似商品を使っているかどうかを質問します。

例えば、私の会社では「記帳代行サービス」を提供していますが、テレアポする場合は「帳簿の入力は自社でやっていますか?」と聞いています。また、人材派遣業も手がけていますが、この場合は「人材派遣をお使いですか?」と聞きます。

質問はシンプルな内容が適しています。

最初のコミュニケーションですから、難しい質問では答えてもらえません。または「面倒だ」と考えられてしまいます。

「YES・NO」で答えられるような質問の仕方を「クローズド・クエスチョン」と言いますが、最初の質問にはこれが適しています。

反対に「オープン・クエスチョン」と言って、質問に対して広く答えられる質問方法もあります。例えば「この結論をどう思いますか?」というような質問方法です。

テレアポのスクリプトに、「オープン・クエスチョン」は向いていません。

相手の答えが読みにくい質問では、さらにその答えを想定してさまざまなパターンを考えなければならないので、コントロールしづらいからです。

ポイント

会話のキャッチボールをするためには、「質問する」こと

質問の答えによって道が二つに分かれる

あなたの質問に相手が答えてくれれば、コミュニケーションが取れたことになります。少なくとも、答えたことによって会話に参加している意思表示はしてくれています。もし、コミュニケーションを取りたくない方（断りたい方）は、この段階で断っています。

この意思表示をしっかりと受けとめて、それをきっかけに次の会話につなげましょう。

通常、質問の答えは、大きく分けて「ＹＥＳ」か「ＮＯ」のいずれかです。

例えば、「人材派遣をお使いですか？」に対しては「使っている」「使っていない」のどちらかです。順番に説明しましょう。

「使っている」場合

30ページのサンプルトークに書いてあるスクリプトを使います。

「そうですか。実は当社は先ほども申し上げましたが、□□の皆様に特化しておりまして、独自のノウハウを持っております。すでに◇◇をお使いでしたら、当社がいいかどうか、

少しの時間お話をさせていただけると思います。ぜひ一度、お会いしてお話をさせていただきたいのですが」

この場合は他社を使っているため、相手にはある程度の判断基準があります。今使っている会社よりいいのか悪いのか、料金が安いのか高いのか？　よい人材がいるのかいないのか？

このような部分が相手の判断基準になります。

しかし、細かい部分を電話だけで伝えることは困難です。そこで抽象的な表現をします。例えば、

「□□の皆様に特化しておりまして、独自のノウハウを持っております」

「独自のノウハウ」という抽象的な表現ですが、「うちの会社は他とは違います」ということを主張しています。

さらにこう続けます。

「すでに◇◇をお使いでしたら、当社がいいかどうか、少しの時間お話をさせていただければ、ご判断いただけると思います」

この内容は、類似サービスをすでに使っている状態なので、それよりもいいかどうかを

判断してください、という内容です。

「使っていない」場合

「そうですか。実は当社は先ほども申し上げましたが、□□の皆様に特化しておりまして、独自のノウハウを持っております。御社にとって役に立つ話かどうか、一度お会いしてお話をさせていただきたいのですが」

この場合は、相手に判断基準がないという前提で進めていきます。

「御社にとって役に立つ話かどうか、一度お会いしてお話をさせていただきたいのですが」

ここがポイントです。

判断基準のない相手には、一から話を聞いてもらうことが必要です。その根本は「役に立つ話かどうか聞いていただく」ことにあるのです。

ポイント
相手が、テレアポする商品の判断基準を持っているかどうかを考えよう

二度目のコミュニケーション——もう一度質問する

前項では、一度目のコミュニケーション（質問）への、相手の「YES・NO」に対する受け答えをお話ししました。

次は二度目のコミュニケーションです。

コミュニケーションは多ければ多いほど、効果があることを思い出してください。もう一度質問をしましょう。

すでにさきほど、「YES」「NO」どちらの場合についても記載していますが、二度目のコミュニケーションは「お会いさせていただきたい」という意思表示です。二度目のコミュニケーションは、テレアポの核心部分——「会いたい」を伝えることです。

テレアポはある意味「一方的な行動・意思表示」ですが、そのまま一方的に話を進めるのではなく、相手とコミュニケーションを取ったうえで、「会いたい」と伝えます。

会話はコミュニケーションです。いきなり核心に迫るのでなく、相手とのやり取りのあとに「会いたい」と伝えることが重要です。

二度目のコミュニケーション、「会いたい」という言葉に対しても、答えは二つあります。

「YES」か「NO」、この答えをスクリプトとして用意しましょう。

YESの場合

「ありがとうございます。つきましては、○日の○時と○日の○時のどちらがご都合がよろしいでしょうか?」

「会いたい」に対してYESの場合は、これはもう素直にお礼を述べてアポイントを取るスクリプトに入ります。

NOの場合

「そうですか(いったん相手のNOを受ける。YES—BUT方式)。実は多くの方が最初はそうおっしゃるのですが、お話を聞いていただくと「なるほど」とおっしゃってくださいます。ただ、○○様が「なるほど」とおっしゃってくださるかは、お話を聞いていただかないとわかりません。ご判断は○○様にお任せいたします。ぜひ、一度お話を聞いてご判断ください」

スクリプトにするとこのようになりますが、ここには前著でも紹介したあるテクニックを折り込んであります。

一度目の質問は、「使っているかどうか」という簡単な質問でしたから、NOでも問題はありませんでしたが、最終的な核心部分の「会いたい」に対するNOへは、かなり考えたスクリプトが必要です。具体的には、以下の三つのテクニックを使用しています。

①YES - BUT方式

人は反論を嫌います。自分の意見は否定されたくないものです。

このため、相手の意見を「そうですか」といったん受けて（YES）、しかし（BUT）「実は多くの方が」と続けます。このスクリプトでは、「しかし」を「実は」に置き換えて使っています。

相手の意見を否定しないで、ひとまず受けて、「そうではないですよ」と反論するのに、「実は」でつなげています。これにより相手の方が自分の意見を否定されたと思うことはありません。

②第三者の影響力

人は他人の動向が気になります。人は他人の噂話が大好きです。他人と同じがいいという意識もあります。流行は、この他人と同じがいいという意識の表われです。

このためここでは、「多くの方が」という第三者の影響力を使っています。

③決断は相手に任せる

人は心理的に〝売られる〟ことを嫌います。そもそもテレアポは、相手にしてみれば「売られるのではないか」という恐怖感があります。

そこで、相手の心理的な負担を減らすためにも、「決断はあなたに任せます」ときっぱりと明言するのです。

ポイント

「会いたい」に対する「NO」へは、「YES—BUT」「第三者の影響力」「決断は相手に任せる」

アポイントを取る

アポイントを取る。ようやくスクリプトも最終段階にきました。

あなたは、電話をかけ、何の電話かを伝え、応酬話法を使って、やっと会うことの了解をもらいました。

ひと安心したいところですが、スクリプトには、アポイントを取るトークもきちんと書いておくことが必要です。

「そんなことはわかっている」と思っていても、きちんと書いておくことが重要です。

いつ、頭の中が真っ白になるかわからないからです。

また、一度会うと言った相手が、アポを取ることにまごついていると、やっぱり会わないと言うことも多々あります。

最後まで気を抜かないように注意してください。

「つきましては、○日の○時と○日の○時。どちらのご都合がよろしいでしょうか？」

アポイントの日程は具体的にこちらから、二つ提示します。

「いつなら時間がありますか」などと聞いていると、会話に時間がかかります。時間がかかってしまうと「やはり会うのはやめます」となるケースは意外に少なくありません。

このため、この場面ではこちらで主導権を握って二つの案から選択してもらいます。

もし、提示した日や時間がダメな場合は、さらに提示して詰めていきます。最後のところですが、油断しないことが重要です。

ポイント
アポイントの日程はこちらから2案を提示

〝締め〟にひと言入れる

さて、アポイントが取れました。あとは、スクリプト作成の最後の部分です。最後にぜひ〝締めの言葉〟を入れましょう。テレアポの締めというのは、面談への布石です。

「お会いできるのを楽しみにしています」

たったこれだけのフレーズですが、あまり言われたことがないのではないでしょうか？

1本の電話に始まって取れたアポイントですが、会話も後半になると、相手の方は「電話の相手はどんな人だろう」「どんな商品だろう」と頭の中で考えているはずです。商談はすでに始まっているのです。

そこで、印象に残るフレーズを最後に話すことによって、「こんなことを言う人はどんな人だろう」と相手に思わせる、面談まで余韻を残すテクニックです。

ポイント

印象に残るフレーズで面談まで余韻を残そう

「営業電話お断り」と言われた場合

（164ページ参照）

○○ー○○○○ー○○○○
です

「ご担当者様のお名前を教えていただけますか？」

それはできません

「それでは、恐縮ですが、あなた様のお名前を教えていただけますか？」

××です

「では、××様宛てにＦＡＸさせていただきますので、ご担当者様にお渡しいただけますでしょうか？　それからお手数ですが、担当者様の結論をお伺いしたいので、××様に窓口になっていただきたいのですが」

わかりました

「今日は担当者様はいらっしゃいますか？」

確認しないと
わかりません

「それでは2日後の＿日にご連絡させていただきます、お手数ですが結論を教えてください。お忙しいところありがとうございました」

○は会社名･個人名
△は先方の部署･担当者名
◇は商品･サービス

SAMPLE TALK 2

「私、◇◇を行なっております、○○の○○と申しますが、△△の方はいらっしゃいますでしょうか？」

必ず、何をしている会社か伝える

ご用件をお伺いさせていただきますが

「◇◇のご案内なのですが」

申し訳ありませんが、営業の電話は断るようにと言われております

「わかりました。御社の決まりということですね、ではひとつだけお願いがあります。私は、ご担当者様の結論がいただきたいのです。それでＮＯなら仕方がありません。今から申し上げることをメモしていただいて、ご担当様にお渡しいただけないでしょうか？　今お願いできるなら今お願いします。後日なら、あらためてご連絡させていただきます」

そういったこともできません

「では、ご担当者様にＦＡＸにて資料をお渡しいただきたいのですが、いかがでしょうか？」

わかりました、ＦＡＸなら構いません

「それではＦＡＸ番号を教えていただけますでしょうか？」

スクリプトに入れるべきこと

「何の電話」（相手のメリット）で「誰に」話をしたいのか

商品の特長をひと言で説明する、
インパクトのあるキャッチコピー

担当者に対して再度「電話の目的」

会社名・名前（相手が間違えても言い直さない）
会社の特長、商品・サービスの特長（ターゲットに合うように説明）
※特長がなければ「ご案内」と言う

「類似商品を使っているか」などの質問

アポイントは二つの案を提示

締めのひと言、印象に残るキャッチフレーズ

3日目

スクリプトを改善しよう

TELEPHON APOINTMENT

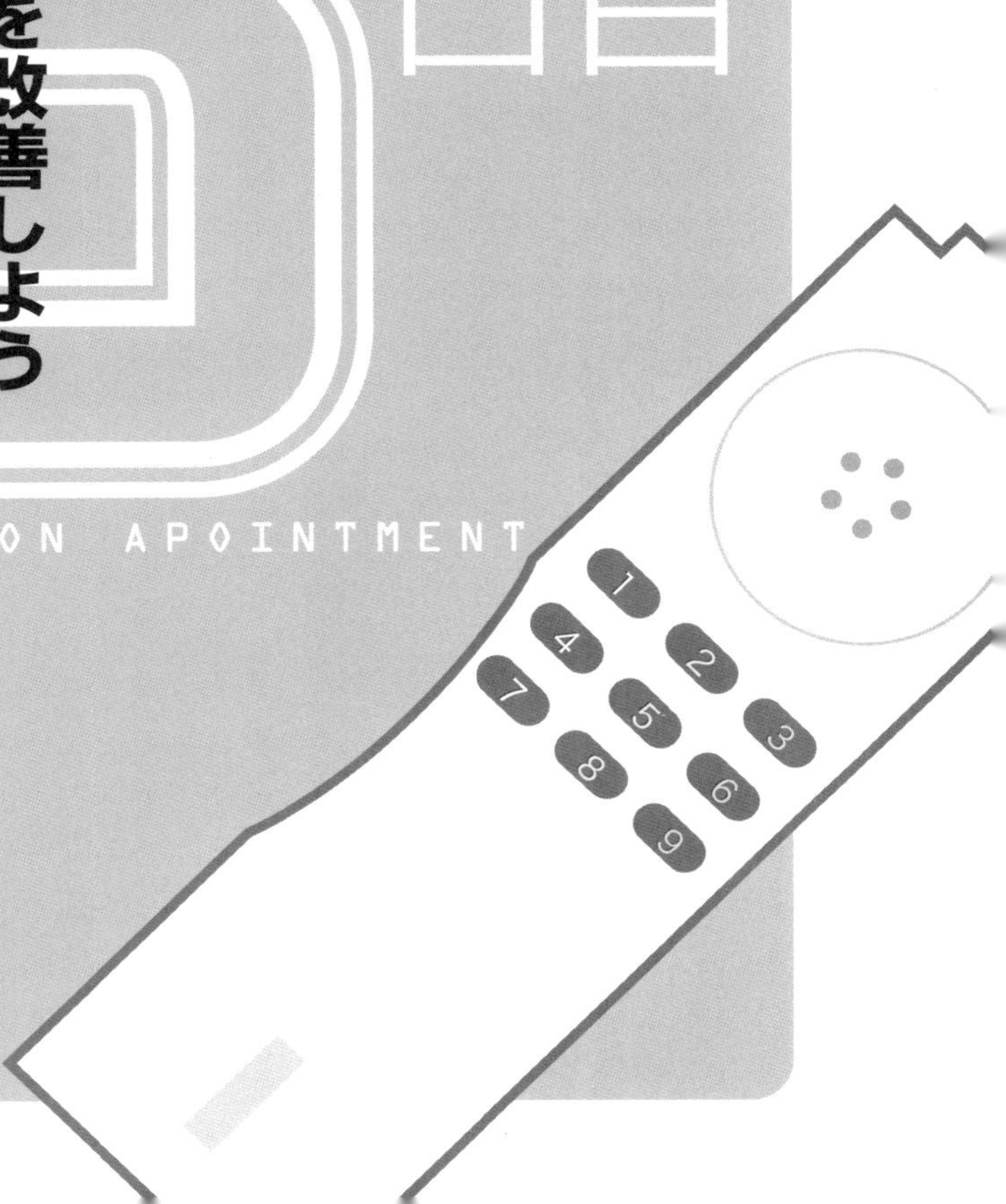

役者の台本にはいろいろ書いてある

これまでは、スクリプトに書くべき〝基本〟についてお話ししました。続いてこの章では、スクリプトの改善（カスタマイズ）の仕方についてご説明します。

スクリプトは台本だとすでに言いましたが、役者の台本には監督の指示や自分なりの表現方法、演技プランが書いてあります。

テレアポのスクリプトにも役者の台本と同じことが言えます。表現やポイントについて、自分なりに考えたことを書き足していくのです。

基本的にはスクリプトの構成からズレないことが重要ですが、「ここはゆっくり」とか「区切って伝える」「強調する」など、自分なりの注意点をスクリプトに書いておきましょう。

例えば私の場合、話していてしっくりこない表現や接続詞を変える時は、パソコンに入力し直して新しいスクリプトを作るのではなく、変更部分は手で書き直します。

感覚的な問題ですが、何も書き足していないスクリプトより、自分の字でいろいろなことが書き込まれているスクリプトのほうが愛着を持つことができ、しゃべっていてしっくりきます。

手で書き込まれているほうが注意が向き、例えば強調する場合にはスムーズに強調できます。長く使っているスクリプトは紙がボロボロになります。

スクリプト改善の第一歩は、自分なりにカスタマイズすることです。

ポイント
「ゆっくり」「区切って伝える」など、自分なりの注意点を書き込もう

業界が違えばスクリプトも違う

ある業界のスクリプトは、他の業界でも使えるのでしょうか。

基本的な構成は同じなので、ある部分は使えます。しかし、それぞれの業界向けに変えたほうがいい部分もあります。

例えば、建設業界と外資系金融機関のスクリプトは言葉や文章のタッチが違います。建設業界なら、たまに「結論を早く言え」と言われます。どちらかと言うと、遠回しな表現よりも、ストレートな表現のほうが好まれます。

一方、外資系金融機関なら、論理的な会話が好まれます。スクリプトも難しい表現や横文字（予算→バジェット、候補者→キャンディデイト）のほうがマッチします。

他には、技術的な説明が必要な場合は専門用語や製品の特性をきちんと説明してからでないと、会ってくれない場合があります。

私は技術的な内容でテレアポ代行する場合は、かなりその業界のことを勉強してから始めます。また、わからないことがあったら、依頼元に聞いて次回からきちんと答えられるようにします。

最近の傾向をひとつお話しします。

インターネットやメールが他の業界よりも普及している「ネット関連企業」へのテレアポには、ある特徴があります。

テレアポでは通常、主旨を説明して、会いたいと意思表示します。

しかし、ネット関連企業の中には会わないで結論を出してくれる会社があるのです。その場合、メールで資料を送信する、またはウェブサイトを一緒に見ながら話をして、結論がその場で出ることもあります。

今の時代を反映した特徴だと思いますが、この場合は、メール送信やウェブサイトを見てもらうためのトークをスクリプトに入れる必要があります。

私は過去にテレアポを代行した時、最初の数社でこのような対応だったことから、すぐにメール送信やウェブサイトを見てもらうスクリプトに作り変えたことがあります。

ポイント

業界の特徴・傾向に合わせてスクリプトを作ろう

担当部署・担当者が違うとスクリプトも違う

前項の業界同様、担当部署・担当者が違う場合も、基本的な構成は同じなので、ある部分は使えます。しかし、部署や担当者の役職によって変わります。

テレアポする場合によくかける会社の部門・部署は、

管理部門（総務・人事・経理など）
製造・生産部門（工場・購買・研究開発など）
営業部門（営業開発、支店、営業所）

など、主にこの三つにテレアポをすると思います。

最初に考えなければならないのは、相手の部署がテレアポに慣れているかどうかということです。

慣れていない方に電話をすると、拒否反応があるか、反応が鈍いケースがあります。

その場合、スクリプトに「こういう目的で電話しているのですが、この件はこちらでよろしいでしょうか」、または商品・サービスを詳しく説明して「こういう商品・サービスのことで電話しているのですが、この件はこちらでよろしいでしょうか」と聞くことが重要です。

反応が鈍い対応は、製造部門に比較的見られるケースです。

理由として考えられるのは、コミュニケーションが苦手な方が多いということです。それゆえに、明確な意思表示がないまま、テレアポが終了してしまうことがあります。

その場合は、営業部門の方へ一度変わってもらい、目的と商品・サービスを説明して、先ほどの製造部門の方とのやり取りを説明して、同席や仲介をお願いするのがベターです。

営業部門の方は外部とのやり取りが専門なので、コミュニケーションに長けています。

半面、製造部門の方は保守的な一面もあるので、新しいことを提案することが多いテレアポに関しては、どうしても消極的になります。

このギャップと温度差を感じることは重要です。

製造部門の方に対しては、最初からアポを取るという考え方を捨てて、資料送付の許可をもらうことを考えてもいいかもしれません。

製造部門の方は、カタログの仕様を見て、技術的な側面から良し悪しを判断する場合があるため、スクリプトにも製品の仕様を入れると有効な場合があります。

管理部門も比較的堅い感じの方が多いため、堅い表現が適しています。論理的な会話や理路整然とした話し方を求められる傾向もあります。

営業部門の方は、テレアポというものに慣れています。ご自分でやっているケースもあるかもしれません。比較的、テレアポに対応してくれやすい部署だと思います。

ただし、営業部門の方はなかなか会社にいないため、捕まえるのが大変です。

ポイント
テレアポに慣れている部署かどうかを考えてスクリプトを作ろう

地域が違うとスクリプトが違う

地域が違うとスクリプトは違うのか？

間違いなく、地域によってスクリプトは違います。

何が違うのかと言うと、方言・その土地の言葉でないとダメということです。


私がある地方でコンサルティングしたケースです。

私が作ったスクリプトは標準語でしたが、実際にそのスクリプトを話す時は、皆さんがその土地の言葉・イントネーションに変えて話していました。ごく自然にそのような話し方になっていたので、気にはなりません。

ただ、その中に1人だけ、きれいな標準語で話す方がいました。

話すことを仕事にしていたようで、とても流暢に話します。スクリプトも何の問題もなく、滑らかにしゃべります。私はこの方は、たくさんアポが取れるのだろうと思っていました。

しかし、実際にはあまりアポが取れません。他の方より取れなかったのです。

何がいけないのか私にもわからないので、何度かロープレをしてヒアリングしてみます。

しかし、特に問題ありません。むしろ話すのは他の方よりうまいくらいです。

原因がわからないのです。

その後、別の何人かのロープレをしていて、ポイントをメモしている時に気づいたことがありました。他の方は、皆さんその土地の言葉、方言だったのです。

その土地の方言は柔らかく、心地よく感じます。その中で標準語を話すと、冷たく気取っているように感じられます。

原因はこの部分でした。

原因がわかったので、話し方を改善するとアポが取れ出しました。

これは一例ですが、テレアポをする相手が同じ地域の方の場合、その土地の言葉で話すと効果があります。

違う言葉ではよそ者と受け取られ、あまりよい結果を生みません。

ポイント
テレアポする相手の土地の言葉に合わせると効果的

硬い口調か、柔らかい口調か

硬い口調のスクリプトがいいか、柔らかい口調のスクリプトがいいかについては、三つの面から考える必要があります。

①あなたの年齢

スクリプトの表現を硬くするか柔らかくするかは、あなたの年齢によります。

例えば、新入社員がテレアポをする場合は、若さと勢いを重視して、軽い感じの元気のいいテレアポが適しています。

若い方の特長を活かすことで、勢いでアポが取れる場合があるのです。硬いスクリプトを無理に使わせて特長を消してしまうことはありません。

反対に、私を含めてある程度年齢の高い方は、元気よくやることには無理があります。高いトーンの声を作っても、作った声は相手にはよく聞こえません。年齢の高い方は、その特性を活かして、落ち着いて論理的に話すことが必要です。

スクリプトは硬い表現が合っています。

②相手の年齢

テレアポではなかなか相手の年齢まで予測がつきませんが、役職のある方や社長に電話する場合は、明らかに年齢が高い方が多いので、基本的には落ち着いた、硬めのスクリプトが合っています。

ただし、年上の方は、元気のよい営業を好んだり、「教えたい」という気持ちを持っていることもあるので、若い方なら、元気よくテレアポしてみることもいいと思います。

③業界・部署

業界・部署の話は、66〜70ページでも触れています。

さまざまなケースがありますが、大切なのは相手に合わせることです。「合う」が「会う」につながります。会えるかどうかは相性によります。

堅い業界の方には、堅いスクリプト。そうでない業界や部署には、柔らかいスクリプトです。

ポイント
自分の年齢・相手の年齢・業界や部署に応じて話し方の硬さを使い分けよう

アポが取れない場合には①——オファー・目的を変える

アポが取れない時は、リストに問題がある場合とスクリプトに問題がある場合があります。

スクリプトに問題がある場合、まず考えられるのは、「オファー・目的」が相手に合っていないケースです。

例えば、私の会社には「記帳代行」という業務があります。

この業務は帳簿の作成を代行するもので、通常は税理士や会計事務所が行ないますが、税理士の先生の業務が忙しい会社や、専用のソフトを導入して自社で行なっていたものの、担当者が辞めて業務が滞っている会社をターゲットにテレアポします。

実際にテレアポをすると、経理担当者を派遣してほしい、経理担当者の正社員がほしいと言われることもありますが、弊社では派遣するほど多くの人材がいないので対応できません。

これが「記帳代行」というオファーではなく、人材紹介・人材派遣というオファーならアポが取れる可能性があります。同様のケースがかなり多いことから、現在、対応できる体制を構築しているところです。

提案した商品・サービスではなく、「それに近いことなら」というのはよくあることです。

例えば、人材派遣について提案して、結局は人材紹介になったり、新商品の案内をして低価格の古い商品を求められたり……。

スクリプトを改善する際には、相手の要望を取り入れることがもっとも重要なことです。改善する前に、まずはお客様の要望を多く集めて、それがこちらで考えたオファー・目的と違う場合、可能な限りオファー・目的を変えてしまいましょう。

テレアポは、会えなければ何も始まりません。

ポイント

お客様の要望がこちらのオファーと異なるなら、相手のニーズに合わせて変えよう

アポが取れない場合には②——商品・サービスを変える

オファー・目的の次のチェックポイントは、商品・サービスを変えることです。

提案できる商品・サービスがひとつしかない場合は別ですが、通常、他の付随業務があったり、違う商品・サービスがあると思います。

作成したスクリプトの反応が悪い場合は、商品・サービスを変える必要があります。

なぜなら、商品・サービスには〝ライフサイクル〟というものがあるからです。誰も知らない売れない時期から売れる時期になり、いずれその商品が売れなくなる、一連のサイクルのことです。

世に出たばかりの商品・サービスは誰も知りません。これはよいことでもあり、悪いことでもあります。

知らない商品・サービスには比較対象がないので、相手が判断する基準もありません。

テレアポは声だけで説明しなければならないので、新しいものを伝えるのに苦労します。

相手がイメージできない新しい商品・サービスだと、通常より伝えることが難しく、その結果、「会う」ことにつながりにくくなることがあります。

反対に、商品・サービスのライフサイクルが終わりの頃だと、誰でも知っている商品やサービスでもテレアポでは苦戦します。

世の中に知れ渡っていて競合が多いと、テレアポしても同業者がすでに電話をしていたり、すでに類似商品を使っているため、相手が興味を持ちにくいからです。

つまり、商品・サービスのライフサイクルを意識して、ダメな場合は別の商品・サービスに変えることが必要です。

相手が興味を持つ商品・サービスの件でアポを取って、面談の流れに応じて本当に説明したい商品・サービスの説明すればいいのです。

電話では、こちらを向かない相手を向かせるのは大変です。まず、こちらを向かせることに全力を尽くしましょう。

商品・サービスを変えることは、テレアポをしている最中でも可能です。

例えば、「人材派遣」はいらないと言われたら、「人材紹介」「請負」の話をする。商品の話をして、その商品は「いらない」と言われたら、何であれば必要かを聞いて、希望の商品を提案する。

極端な例だと、ある商品を売るためのアポ取りは難しそうなので、アポを取りたい会社のお客になるというテレアポを代行したことがあります。
まず、こちらがお客になるためのアポを取って相手の状況を聞いて、関係を作ってから、こちらの仕事の話をするという手法です。

ポイント
提案中の商品に相手が興味を持っていないとわかったら、別の商品を提案しよう

アポが取れない場合には③——担当部署を変える

電話をかけている部署が不適切——このためにアポが取れないというケースもあります。大きい会社だと、担当部署名がわからないと電話をつないでもらえないことが少なくありません。また、担当部署がわからずに電話をかけると、部署を調べるのに時間がかかったり、つながるまでに2～3回部署を回されることもあります。

正しい部署だと思っていても、実際にテレアポをしてみると、まったく違う場合があります。

会社によって違うこともあります。ある会社ではその部署でも、他社では別の部署で扱っているということもあるため、適切な部署を探して電話をするのは非常に重要なことです。

テレアポの対象部署だと思っていたところが不適切なら、担当部署を変える必要がありますが、これは改善策の中でも難易度の高い方法です。

電話をかけている部署がテレアポ先として正しいかどうかは、何件かテレアポをしてみて、面談した結果でないとわからないからです。

そうは言っても、事前にある程度調べることはできます。テレアポする業界の知り合いに聞いたり、ホームページの組織図を見て、どのような部署があるかを調べるのです。

もうひとつは、最初にテストケースとして、少数のリストで電話をかけてみて、担当部署として適切かどうかを確認することです。

私の会社が行なっているリゾートホテルの清掃や食器洗浄業務の場合、決裁権のある担当部署が人事でなく、現場の支配人や調理長ということがあります。

これを知らないと、現場の支配人や調理長に電話をかけることはできません。

68ページで説明したように、担当部署・担当者に応じてスクリプトも変更します。現場の方は電話を受けるのが業務中ということが多いので、ストレートに用件だけを伝える簡単なスクリプトにしないとアポは取れません。忙しいので、資料を送付してもほとんど見てもらえないという特徴もあります。

担当部署が適切かどうかを確認し、その部署に合ったスクリプトに変更することは非常に重要です。

ポイント

提案する商品・サービスの担当部署が適切か、部署に合うスクリプトかを考えよう

アポが取れない場合には④——リストを変え、スクリプトも変える

これまで紹介した改善策をやってみたものの、どうしてもアポが取れないという場合は、リストを変えてみましょう。

リストによって、結果が左右されます。

リストの集め方は前著でも触れていますが、まず、ダメなリストは諦めることが肝心です。

そのうえで、ダメなリストをきちんと分析して、狙った業界が悪かったら違う業界へ、エリアが悪かったら違うエリアへ、担当部署が違ったら別の担当部署へ連絡するなど、分析して改善点を見つけ、まったく属性の違うリストを用意することです。

アポ率はリストに左右されます。分母はリスト数で分子がアポ数です。

アポ率＝アポ数／リスト数

テレアポの始まりはリストなので、アポが取れない場合の最終手段はリストを変えることだと覚えておきましょう。

ただし、これは最終手段と考えてください。

アポは取れないことのほうが多いので、少し電話をかけて「このリストはダメだ」と諦めてしまったり、数字の判断を間違えると、リストがいくらあっても足りません。

リストが変わればスクリプトも変わる場合と、同じスクリプトで大丈夫な場合、2パターンあります。

特にスクリプトに問題がないと思う場合は、新しいリストに対して従来のスクリプトを使ってみてください。スクリプトに問題があると思う場合は、新しいリスト・新しいスクリプトで行なうことです。

スクリプトの変更ポイントは、新しいリストの業界や部署を考えて、オファー・目的、商品・サービスなどを、この章でご説明した内容を中心に変えることです。

ポイント

リストが不適切なら別のリストに変えることも必要。しかし、早急な判断はNG

スクリプトの分析方法①
——架電率を記録する

スクリプトを改善すべきかどうかを見極めるための分析方法のひとつに、架電率（電話のつながる率）を記録する方法があります。

これは、スクリプト作成後の最初のチェックポイントでもあります。

本来は、テレアポにおける架電率とは「担当者につながる率」を意味しますが、その前に「ガチャ切りされていないかどうか」のチェックも必要です。

〝ガチャ切り〟はある意味では仕方がないことですが、あまりに多い場合はスクリプトの再構成を検討する必要があります。

特に個人向けにテレアポする場合は、他の〝悪いテレアポ〟の影響で、「もしもし」と言った段階で「知り合いではない」と声で判断されて切られてしまうことがあります。

この場合、声の質・トーンをテレアポと思われないように変えたり、構成を変えて元気な挨拶から始める、または、コミュニケーションを取るために質問形式にしたり、名前を確認するというような構成のスクリプトに変えることが必要です。

第一声でガチャ切りされない工夫はスクリプト改善ポイントのひとつです。

また、架電率の本来の意味である、担当者につながる率が低いという分析結果が出た場合は、オファー・目的がよくないか、そもそも担当部署が違う場合が考えられます。

ポイント

〝ガチャ切り〟〝担当者につないでもらえない〟ことが多いなら、出だしの印象やオファーなどを再検討しよう

スクリプトの分析方法②
――アポ率と相手の「反論」を記録する

スクリプトで、最終的に分析しなければならないのは「アポ率」です。

「現状のスクリプトで、どの程度のアポが取れたのか」――これが最重要事項です。

つまり、オファー・目的、キャッチコピー、商品・サービスの特長が正しく伝わったかどうかのチェックです。

そして、スクリプトの分析でもうひとつ重要なのは、電話をかけた相手の反応を記録することです。

反応のなかでも、主に「反論」を記録するのです。

こちらがスクリプト通りにこう言ったら、相手はどう返してきたか?

このことは、後に「応酬話法」を作るうえで非常に役立ちます。

反論の内容は業界によって違いますし、テレアポする商品・サービスによっても違うはずです。反論の傾向をきちんと記録することによって、「応酬話法」の精度が上がり、アポ率も高まります。

アポが取れない1本の電話からも、反論を記録することはできます。例えば、高いと言われたなら、いくらならいいかを聞いてみる。今は忙しいと言われたら、いつならいいかを聞いてみる、といったことを記録しましょう。

反論を集めることで、スクリプトにその対応策――「応酬話法」として折り込むことができるのです。

記録の取り方にはさまざまな方法があると思いますが、私はテレアポをしながらその場で反論のキーワードをメモしています。

1日の電話が終わったあと、それぞれのテレアポの場面を思い出しながら、メモした反論にどう言えば切り返せたのかを考え、紙に数パターン書いて応酬話法として完成させます。

これをテレアポが終わった日に行ないます。必ずその日にです。後日だと忘れてしまうので、場面を思い出しながら書き出すのは難しいでしょう。

アポ率が高いスクリプトを作るには、実践の記録が重要です。

ポイント

アポが取れない場合でも、相手の反論を記録してスクリプトの精度向上につなげよう

「値段が高い」と言われた場合
（171ページ参照）

A社のものを使っている

「なるほど、A社をお使いですか？　それなら高いとおっしゃるのもわかります。実はA社とは××の部分が違います。もし、××の機能をなくしますと金額は同じぐらいになります。しかし、当社の特長は××の機能がついていることです。いかがでしょうか？　ぜひ一度、そのあたりのお話をさせていただきたいと思います。__日の__時と__日の__時どちらがご都合がよろしいでしょうか？」

会うのはいいが、
予算もあまりない

「わかりました。金額に関しては弊社も検討させていただく余地はあります。ただし、御社の具体的な状況をお聞きしないと、金額の提示ができません。一度、お伺いさせていただいてお話をお聞かせください。つきましては、__日の__時と__日の__時どちらがご都合がよろしいでしょうか？」

「お会いできるのを楽しみしています」

日時を決め、再度、
会社名・名前・
電話番号を伝える

SAMPLE TALK 3

○は会社名·個人名
△は先方の部署·担当者名
□は業界の全体名称等
◇は商品·サービス

「私、◇◇を行なっております、○○の○○と申しますが、△△の方はいらっしゃいますでしょうか?」

必ず、何をしている会社か伝える

「突然申し訳ありません。私、◇◇を行なっております、○○の○○と申しますが、少々お時間をいただけますでしょうか。現在□□の皆様に◇◇のご案内を差し上げております。当社は◇◇を□□様に特化して行なっておりまして、□□の皆様に非常に喜ばれております」
「現在◇◇はお使いですか?」

少しゆっくりと、相手の呼吸を感じながら

下線部分は特にゆっくりと第三者の影響力を使って

使っているし、価格が高いと思う

「高いということと、何かをお使いということですが、どちらの製品をお使いですか?」

スクリプトを改善しよう

作成したスクリプトに“ここはゆっくり”“強調する”など
自分なりの注意点を書く

業界ごとの特色をスクリプトに反映させる
（論理性、横文字、ストレートな表現など）

相手の担当部署の特性を考える
（テレアポに慣れている部署かなど）

相手の“土地の言葉”を意識する

口調の硬さ・柔らかさを考える

オファー・目的は現状のままでＯＫか？

提案する商品・サービスは相手に適しているか？

電話をかけている部署は適切か？
（決裁権を持っているか？）

リストは適切か？

“ガチャ切り”されていないかをチェック

現状のスクリプトでのアポ率をチェック

4日目

スクリプトを使って話してみよう

TELEPHON APOINTMENT

ゆっくり話す

「ゆっくり話す」

このことは、前著、メルマガ、ブログ、コンサルティングを通して一貫して主張し続けていることです。

ゆっくり話すことはテレアポの会話の基本中の基本です。

私は保険会社でテレアポをしている時にこれを発見しました。

なかなかアポが取れない頃、まだテレアポのノウハウを構築していない時期でしたが、ゆっくり話すと相手が聞いてくれる、私の話に耳を傾けてくれることがわかりました。それ以来、ゆっくり話すことを実践しています。

もう10数年、テレアポではゆっくりと話していますが、その間に、早くしゃべれと言われたのは、2件だけです。

1件は、大工の棟梁です。江戸っ子の方で「おう、早く用件を言いやがれ」と言われました。そして、電話に出たのが、たまたま来客中のせっかちな社長さん。合計2件だけです。

どういうわけか、テレアポでは皆さん話すスピードが速くなってしまいます。

私がコンサルティングをする際は、アポインターの方にテレアポを実践してもらっていますが、緊張していることもあってか、皆さん通常よりも早口になってしまいます。

突然の電話でいきなり早口でまくしたてられたら、イヤですよね？

電話を受ける相手は、直前まで普通に同僚などと話をしていると思います。そこで電話を取ると、知らない会社から早口で用件を一方的に話される。

これは、テレアポが嫌われる大きな要因です。

テレアポも普通の会話も同じスピードなら、相手には耳障りではありません。電話がつながった瞬間、ファーストコンタクトで温度差が出ることは避けましょう。

ここでテレアポをコントロールしないと、せっかく作ったスクリプトが台なしです。

テレアポの基本中の基本、「スクリプトはゆっくり読むこと」を忘れないでください。

ポイント

電話がつながった瞬間に早口でまくしたてられたら、相手は不快に感じる

スイッチを入れる

テレアポをする時、私がまず最初にするのは「スイッチを入れる」ことです。

電話が鳴って相手が出た時の第一声は「はい、私○○を行なっております。リンクアップの竹野と――」と「はい」を入れています。

この「はい」によって、スイッチが入り、〝テレアポモード〟に切り替わります。戦闘モードになるのです。

日本経済新聞2006年6月9日の朝刊にこんな記事がありました。

「京都大学や英ロンドン大学の国際チームは、日本語と英語など2ヶ国語を話すバイリンガルの人では、言語に合わせて脳の働きを切り替えるとき、その切り替え作業をする部分があることを突き止めた。「左尾状核」と呼ぶ部分。効率的な英語学習法の開発に役立てたいとしている。研究成果は9日付の米科学誌サイエンスに掲載される」

記事では、バイリンガルの人は脳に「言語の切り替えスイッチ」があると言っています。

この記事からも、テレアポのスクリプトを話す時と、普通に会話する時とで頭を切り替えることには効果があると言えるのではないでしょうか。

特に、テレアポに恐怖感を持っている方は、なんらかの言動でスイッチを切り替えることで、テレアポを〝演じてしまう〟のも効果的です。

私の場合は「はい」という言葉が短くて、リズムもよかったので使っています。

メリハリをつけるという意味でも、テレアポをスタートするきっかけがあると役立ちます。

自分に合ったスイッチで普段と話し方を変えて、相手の反論や息遣いを聞く耳を同時に作ることもします。

スクリプトを話すためには、テレアポのスイッチを入れて、テレアポモードになることが第一歩です。

ポイント

自分なりのスイッチで〝テレアポを演じる〟ことで、テレアポへの恐怖感も薄まる

会話の主導権の握り方
――電話を切らせない！

スクリプトを話すうえで重要なことがあります。

それは、会話の主導権を握ることです。

商談では、主導権を握ることが重要だと言われますが、テレアポも同じことです。主導権を握らないと、最悪の場合、相手に電話を切られてしまいます。

では、どうやったら主導権を握れるのでしょうか？

まず、テレアポは話す行為ですから、簡単な方法は、先にあなたが話すことです。あなたが主導して話すことで、会話全体をコントロールするのです。

「動作遡及」という言葉を聞いたことがあるでしょうか？

例えば、ビールを注ごうとすると相手は自然とコップを出します。ボールを投げる動作をすると、相手はボールを受けようと構えます。

このように、相手をコントロールするには、先に仕掛けることが必要です。

会話で主導権を握るのも同様に、話す順番が重要です。

①あなた　↓　相手

この順番が望ましいと言えます。

②相手　↓　あなた

だと、主導権を握っているのは相手です。

①の場合は、あなたが質問をすれば相手が答えるようになりますが、②の場合は、相手の質問にあなたが答えることになります。

あまり相手に多く質問されると、テレアポをコントロールできなくなります。

よくあるのは、散々質問されて一所懸命答えても、相手の方がこちらの意向をほとんど理解しないままに、結局は「いらない」と断られるケースです。これは、主導権を握っていない場合によく生じることです。

基本的には「サンプルトーク」の順番・構成でいいと思いますが、現実にはそこから逸れることもあります。その場合でも常に意識的にコントロールして、基本のスクリプトに戻すことが必要です。

ポイント

質問をこちらから投げかけることで、会話の主導権を握ろう

コミュニケーションの難しさを知る

人と人とのコミュニケーションは簡単ではありません。

こんな例があります。

私の会社で、外国人労働者を雇っていた時期がありました。その当時、求人広告を見て電話をしてきた方がいました。片言の日本語です。

相手「今、駅にいるよ。今から面接ＯＫか?」

私「今駅にいるの?　西口?　東口?」

相手「わからないよ」

私「じゃあ、駅員さんに西口がどこかを聞いて西口で待ってて。迎えに行くから」

その後、駅に迎えに行きましたが、その外国人とは会えません。

なぜなら、駅がひと駅違っていたのです。

外国人には「荻窪」と「西荻窪」の違いはわからなかったのです。

私は電話で「今駅にいる」と言われた時に、どこの駅とは聞きませんでした。

求人広告を見て来ているると言うので、当たり前のように、会社のある駅「荻窪」だと思ったのです。

これは外国人の例ですが、日本人同士の会話でも、「例の件」というのが、お互いが思っていることが違って、途中から話がかみ合わなくなることもあります。

テレアポは、まったく知らない方へ突然電話をかけます。その分、話がスムーズに伝わらないということを頭に入れておくことが必要です。

スクリプトを読む際には、コミュニケーションの難しさを理解して話しましょう。

ポイント
テレアポは知らない方へ突然電話をかけるため、話がスムーズに伝わりにくい

テレアポは他のコミュニケーションより劣ることを前提にする

テレアポは声だけのコミュニケーションです。はっきり言って、他のコミュニケーションより劣ります。

最大の問題は「目に見えない」ことです。

人間は「視覚・聴覚・嗅覚・味覚・触覚」これだけの感覚を使っています。いわゆる五感と言われるものです。

面談では、

視覚＝資料やジェスチャーが使えます。

聴覚＝説明の内容を聞くために使えます。

触覚＝あまり商談で使わないかもしれませんが、商品がある場合は触ることができます。

面談で味覚、嗅覚を使うことは少ないでしょうが、他の感覚と合わせた、体感というものはあるかと思います。

これに対して、電話で使えるものは、聴覚だけです。

例えば、会社に忘れ物をした時、電話で会社に連絡して探してもらうのは苦労します。

お互いの視覚が一致していないので、「机の右」と言っても右に3ヶ所資料が置いてあると、いちばん右なのか、真ん中なのか……意思の疎通をはかるのは困難です。

テレアポは、他のコミュニケーションより劣ることを前提にして、そのうえでスクリプトを使って話すことが重要です。

ポイント

テレアポで使えるのは声（＝聴覚）のみ。その分、意志疎通が困難なことを認識しよう

推測させない

テレアポは声だけのコミュニケーションなので、他のコミュニケーションより劣ると前項で述べました。

これに関連しますが、テレアポでは相手に勝手に推測をさせないことも重要です。声だけなので、伝わりづらい部分があるからです。

例えば、新商品の提案で、競合する商品があるとします。

相手の方が競合商品をよく知っている場合、会話は次のようになります。

あなた「○○という新商品のご案内なのですが」
相手　「どういう商品なの」
あなた「○○な商品です」
相手　「あ〜、それなら今使っているのと変わらないでしょう」
あなた「イヤ、△△なところが違います」

相手「それだけでしょ。なら、今使っているのでイイよ」

こういう会話は多いのではないでしょうか。

相手が勝手に推測してしまうと、そのイメージを変えるのは困難です。人の考えはなかなか変えられません。

何か見せられる資料があれば別ですが、テレアポでは見せることができません。

こういうことが起きるかもしれないと意識して、テレアポのオファー・目的、キャッチコピーを具体的に作っておきましょう。

これらをはっきり伝えることが重要です。

この部分を相手に委ねないで、きちんと自分でコントロールすることです。そのためには、商品の違いを具体的にわかりやすく、電話で伝えられるようにしておくことが必要です。

ポイント

商品の特長を具体的に表わすスクリプトなら、相手が勝手に推測することはない

ノンバーバル・コミュニケーションを理解する

人のコミュニケーションには、言葉以外の手段もあります。

それをノンバーバル・コミュニケーション（非言語伝達）と言います。わかりやすく言えば、雰囲気や勘で感じるものです。

見た目や仕草で、「あの人は落ち着いた雰囲気を持っている」「あの人は気難しそう」と感覚的、抽象的に伝わるのです。

「勘」もノンバーバル・コミュニケーションによって伝わるものと言えます。

合理的な根拠はなくても、発している何かを受け手が感じて思うのです。

例えば、「高倉健さんのように髪が短くて日焼けしている人は、男らしくて豪快」というイメージがあります。だから、そんな人が喫茶店でフルーツパフェを食べていたらギャップを感じると思います。

高倉健さんは、これまで演じた役柄や、実際の言動からそういうイメージを持たれています。

高倉健さんに似ている人が同様のタイプとは限らないのですが、外見の雰囲気から高倉健さんのような人物像を思い描いてしまいがちです。

テレアポでも、このようなノンバーバル・コミュニケーションは使えます。声に表情を持たせることで相手に伝えることができるのです。

声の表情とは、表現が難しいのですが、声の質やトーンのことを指します。

例えば、落ち着いた雰囲気を出したい場合は、声のトーンを低くすると効果的です。

また、新人のアポインターが、「一所懸命に伝えよう」と話すと、つい聞き入ってしまいます。しゃべりがうまいわけではありませんが、「伝えようとしている」、このことが重要です。

スクリプトの言葉や文章ではなく、ノンバーバル・コミュニケーションで伝わることもあるため、気持ちの入っていないやっつけ仕事のテレアポでは、いくら声を作ったとしても、本質のところでは伝わりません。それではアポは取れません。

*ノンバーバル・コミュニケーション：非言語伝達＝言葉以外の伝達方法。ジェスチャーや言葉の抑揚、ゆっくり話すなどの言葉そのものよりも、伝え方、印象として残る伝達方法。

ポイント

コミュニケーションでは言葉以外の要素も大切。〝気持ち〟が相手に伝わる

気持ちを入れる、言葉に気持ちを乗せる

前述のノンバーバル・コミュニケーションで少し触れていますが、「会いたい」という気持ちに勝るものはありません。

ある事例があります。

ある会社のコンサルティングをした時、２人のアポインターがいました。

Ａさんはテレアポ経験の長い方で、スクリプトの話し方もうまく、電話の本数もかなりの数をこなします。

Ｂさんは、まったくテレアポの経験がなく、スクリプトの話し方にも詰まってしまい、電話の本数も１件に時間がかかるのでこなせる数は少ないです。

最初のコンサルティングの時、Ｂさんのテレアポは「どうしよう……」と思うくらい酷いものでした。スクリプトを読み込む練習のあと、実践でテレアポしたのですが、あがってしまってしどろもどろでした。

Ａさんは経験も豊富なので、問題なくこなします。

しかし、その後数ヶ月すると、アポ率に差が出ます。

アポ率がいいのはBさんです。

Aさんは「うまい」のですが、話しているところを聞くと、流れ作業でこなしているという印象です。

相手の反論に応酬話法で対抗するわけではなく、反論されたら引き下がっています。

かたやBさんは「ヘタ」ですが、自分なりの練習でそれなりのレベルに向上してきて、Aさんと違って「アポを取りたい」という気持ちがあるので、それが相手に伝わってアポが取れています。

これは、テレアポの根幹を表わす好事例だと思います。

まず気持ちありきで、その上にテクニックや応酬話法があるのです。

私としても、テレアポコンサルタントとして反省をした事例です。

ポイント

テレアポはまず〝気持ちありき〟。その上にテクニックがある

強弱をつける

ご存知の方が多いかもしれませんが、コミュニケーションに関する法則をひとつ紹介します。

「メラビアンの法則」

相手に与える印象の度合(比率)は、

「話の内容」…7％

「話し方」（声・スピード・大きさ・テンポ）…38％

「ボディーランゲージ」…55％

の割合であるというものです。

アメリカの心理学者アルバート・メラビアン博士が、話し手が聴衆にインパクトを与える三つの要素を分析し、それぞれの影響力を具体的な数値で表わした法則、人が他人から受け取る情報の割合について発表したものです。

この数字を見ると、話の内容は7％で、それ以外が93％を占めることになっています。

ただ、テレアポでは「ボディーランゲージ」が使えないので、「話し方」（声・スピード・大きさ・テンポ）が重要であると言えます。

この法則を前提に、ある方のプレゼン方法について解説します。

私の知人のある方は、プレゼンがとても上手です。原稿の骨子を紙に書いて、それを見ながら話すのですが、話す内容が紙に細かく書いてあるわけではありません。

重要なポイントだけが書いてあります。

そして、「この言葉は強調する」「この言葉は区切ってゆっくりしゃべる」など、話し方の注意点が書いてあります。

興味深いのは、「この言葉のあとに5秒沈黙して、会場を見る」というようなことも書いてあります。

この方のプレゼンの秘密は「話し方」にあるのです。

テレアポも同じです。

スクリプトはありますが、このスクリプトを〝どうやって話すか〟が重要なのです。

ポイント

話の内容（スクリプトに書く言葉）だけでなく、話し方が重要

もう1人の自分にチェックさせる

スクリプトを話す時に、していただきたいことがあります。それは「もう1人の自分にテレアポ全体をチェックさせる」ことです。

スクリプトはテレアポの〝台本〟なので、「自分（スクリプト）に忠実に」としか言いません。ただ、目の前にあるだけです。何もしてはくれません。

そこで、もう1人の自分にプロデュースさせるのです。

スクリプトの内容をきちんとしゃべっているか？

会話はゆっくりしているか？

会話のリズムはこのスピードでいいか？

内容が相手にきちんと伝わっているか？

テレアポをコントロールできているか？

など……。

ある意味では、指揮者のような存在を意識することです。もう1人の自分＝指揮者に、強調するところや、スピードの変化、反論への応酬話法などを客観的に見てもらって、強調するタイミングで、キューを振ってもらったりします。

自分自身は、相手に伝えることや反論に切り返すことで精いっぱいかもしれません。そこで、客観的に全体を見られる人がいないと、言い忘れや、相手の反論に対して見当違いなことを言ってしまう場合があります。

そうならないように、冷静に場を仕切る人が必要です。

しかし、テレアポは個人的な作業なので、映画のように監督、カメラ、タイムキーパー、照明など、個別に役割が分かれているわけではありません。

すべてはあなた1人の作業です。

そこで、もう1人の自分を作ることによって、テレアポをうまくコントロールすることができます。難しいかもしれませんが、慣れればできるようになります。

挑戦してみてはいかがでしょうか？

ポイント

慣れれば、もう1人の自分が客観的に全体をチェックできる

役者、名司会者に学ぶ——演じる

ときどき、「もうテレアポするのはイヤです。会社も辞めたいです」というご相談を受けることがあります。

話を聞いてみると、テレアポで断られると「人格を否定された」ように感じる、という悩みです。

テレアポではよくある話ですが、本人にとっては真剣な悩みです。

こんな時は、「演じてみてはどうでしょうか?」とアドバイスします。この方は女性だったので「女優になってみては?」とアドバイスしました。

テレアポは断られることが多いので、精神的に辛い仕事でもあります。このため、演じてしまって、「今断られているのは、私じゃなくて、演じている誰か」と思うことも必要です。

役者は台本をもとに演技します。うまい役者は本当に役になりきってしまいます。うまい役者の演技には引き込まれてしまいます。

テレアポにも、スクリプトという台本があります。

テレアポをやる時は、テレアポの映画の主演女優を堂々と演じて、アポを取るという演技に相手を引き込んではいかがでしょうか？

演じることは、スクリプトをうまく話すコツでもあります。


また、名司会者に学ぶこともあります。

名司会者の司会進行や言い回しには、独特の話し方や「間」があります。

名司会者の語り口を参考に、あなた独自の特徴ある話し方を構築することも、他のテレアポと差別化するうえでは必要です。

言葉を操る職業として、名司会者の話し方は勉強になります。

名司会者と他のゲストとのやり取りも、テレアポの相手との間の取り方や、応酬話法のやり取りや質問のやり方の参考になります。

ポイント
役者としてテレアポを演じれば、断られても辛くない

スポーツの実況に学ぶ——見たものを話す

スクリプトを話す時は、目の前にスクリプトを置いて、それを見ながら話すことが必要です。

決して、スクリプトを覚えないでください。人は覚えると忘れます。忘れると言葉に詰まってしまいます。そうすると、テレアポが終わってしまいます。

相手にはスクリプトを見ながらしゃべっているかどうかはわかりませんので、スクリプトを見ながらゆっくりしゃべってください。

スポーツ実況のアナウンサーは、見たものを自分の言葉に置き換えて表現するのに技術が必要です。ボキャブラリーを豊かにし、目で見たものをその場で瞬時に表現するには相当な訓練が必要だと思います。

テレアポのスクリプトも見たものをそのまま話しますが、スクリプトは紙の上から動きません。そのまま じっとしています。ジャンプしたり、走ったりはしません。

強いて言えば、相手の反応によって、応酬話法のために2枚目の紙に移るとか、その程度です。ですから、覚えなくていいのです。

また、覚えて思い出しながらしゃべると、余計な言葉や表現がついてくる場合があります。

スクリプトを作る段階で無駄を省いているはずなので、目の前にあるスクリプトを見たましゃべることが重要なのです。

もし内容を変える場合は、もとのスクリプトから変えるべきです。

ポイント

スクリプトは、覚えなくていい。見ながらゆっくり話そう

相手は電話で真実を伝えない

スクリプト通りに話をして、相手に「会いたい」と意思表示をすれば、相手に会いたいという気持ちは伝わります。

気持ちを入れれば真実は伝わります。

しかし、テレアポでは相手の方が真実を伝えてくれるとは限りません。これは、テレアポの特性上、仕方がないことでもあります。

と言うのも、テレアポは相手の状況を考えずに突然に電話をかけていて、相手の都合はまったく考えていないものだからです。

基本的に「相手はきちんと対応してくれていない」という前提でいてください。温度差があります。

あなたは一所懸命でも、相手は「?」です。

真面目な方は、相手に軽くあしらわれると、「きちんと対応してもらえないのは自分に非があるから」と思ってしまい、焦ってもっと一所懸命に伝えようとします。

一所懸命になるのは決して悪いことではありませんが、温度差がある相手なら、なおさら迷惑に感じることでしょう。

もちろん、真剣に相手をしてくれる方もいらっしゃいますが、相手が真実を語ってくれない場合もあることを念頭に、スクリプトを話すことが重要です。

ポイント　相手の対応に誠意がなくても、自分に非があるわけではない

反論もコミュニケーションのひとつ

スクリプトに沿って話していると、必ず相手の反論にぶつかります。99・9%ぶつかります。

0・1%はすぐに会うと言ってくださる方ですが、これはほとんどありません。

私は前著で、「断られる前提でテレアポをする」と書きました。

現実的に、テレアポは断られることが圧倒的に多いため、断られることから始めないと前に進めません。断られることを前提に、どうやったら断られないかを考える理論です。

この前提があると、反論も怖くはありません。

私はむしろ反論は大歓迎です。反論もコミュニケーションのひとつと考えています。

2章でも述べましたが、コミュニケーションを取れば取るほど、親密になります。会える確率が上がるのです。

ですから、反論があると「やった！　コミュニケーションしてくれている」と思って頭を切りかえることができます。

反論は必ずあるので、その切り返しを応酬話法としてスクリプトの一部に盛り込んでおけばいいのです。

準備をすれば、何も怖くはありません。

大体のところ、相手の反論にはパターンがあって、内容も似ています。このことも、反論が怖くない、準備ができる理由です。

私はこのことを理解しているので、反論があると「やった！」と思えるのです。

むしろ、まったく反応してくれない相手のほうがやりづらく感じます。何も言ってくれないと、コミュニケーションの取りようがなくて困ってしまうのです。

特に電話では声しか聞けないので、無言の方への対応は大変です。その場合は、質問を投げかけて反応を待つという方法になります。

ポイント

断られるのが当たり前。「コミュニケーションが取れた」と前向きに捉えよう

耳がよくないとテレアポはできない
――相手の真意を聞く

スクリプトを話す際に、忘れてはいけないことがあります。

それは、話すことと同様に、聞くことも重要だということです。よく言われることですが、「よい営業は聞き上手」です。

人は自分の話を聞いてくれた人に親近感を持ちます。コミュニケーションの頻度と同様に、「話を聞いてあげること」が購買につながります。

このため、「よい営業は聞き上手である」と言われるのです。

これと同じことはテレアポでも言えます。

あなたが主導権を握って会話をコントロールすることは重要ですが、相手に語らせることも忘れてはいけません。

相手にしゃべらせることは、耳がよくないとできません。

あなたの質問に対する相手の回答や反論の真意を耳で聞くのです。

例えば、会いたいと言った時に「忙しい」と言われたとします。

しかし、「忙しい」という反論は相手の真意ではなくて、あなたを試す会話、すなわち、「どのくらい真剣に会いたいと思っているのか」を確かめるために「忙しい」と言う場合があります。

この場合、「忙しい」と言われて引き下がると、この方とは会えません。

ここで「忙しい」という相手の言葉に対して、「そうですか、お時間はあまり取らせません」や「では、いつ頃ならお時間がありますか？」というように切り返すと、あなたの「会いたい」の〝本気度〟が伝わり、その結果、会えることがあります。

相手の反論を聞く時でも、ノンバーバル・コミュニケーションに注意して、聞き耳を立てて真意を聞くことが重要です。

ポイント

相手の言葉の裏にある真意を見抜き、それに合わせた反論をしよう

電話でお客様に逃げられないためには

テレアポをしていれば、誰でも必ず出くわす場面があります。

「あーまずい、切られそうだ、断られそうだ」という状況です。

電話の向こうの感じ、相手のノンバーバル・コミュニケーションがよくない場面。

おそらくこういう時、あなたは必死に挽回しようとするでしょう。しかし、結果はあえなく失敗……。

この原因はいろいろあると思います。相手の状況が悪かった。あなたの伝え方が悪かった、など。

では、原因がわかったら解決できるのでしょうか?

結論から言えば、無理です。この電話はすでに終わっています。この原因を分析することは今後のためにはなりますが、そこから挽回することはできないでしょう。

お客様に逃げられそうになってしまったら、解決方法はひとつしかありません。

勇気を持ってテレアポを止めることです。

「これ以上お話しさせていただくのは時間の無駄ですか？」

「あまり私の話は聞きたくないですか？」


人と人との関係では、追えば逃げられるものです。

特に恋愛でそのように言われます。恋愛の達人は追わせるからこそ達人なのだ、と。

これに対して、テレアポは基本的に追うものです。そして、決して好かれてはいません。

このため、追ってもよい結果が出そうもない場合は、テレアポを止めて素直に相手に聞くことです。

そうすると、相手が「あれ？」と思って態度を変える場合があります。

スクリプトを話すうえではぜひ知っておくべきテクニックです。

追えば逃げる、押してもダメなら引いてみる。

ポイント
電話を切られそうな時、テレアポを止めると相手が態度を変えることもある

イメージトレーニングと実践
（頭の練習、体の練習）

テレアポのスクリプトを話す時に、ぜひ実践していただきたいことがあります。それは、スポーツで行なわれるものと同じ「イメージトレーニング」と「実践」です。イメージトレーニングは、スクリプトを自分で読みながら、相手の反論も想像して行なう訓練です。私はテレアポの代行やコンサルティングで新しいスクリプトを作った時は、繰り返しイメージトレーニングを行ないます。「ひとりロープレ」も行ないます。

イメージトレーニングは頭の中でのシミュレーションで、ひとりロープレは実際に声に出して練習するものですが、いずれにも言えるのは、**相手がいるように想像しながらスクリプトを話す**ことです。

相手を想像することによって、話すスピードや間をチェックできます。

これをやるのとやらないのとでは、実践の時にかなりの違いが出ます。

シミュレーション、ひとりロープレで練習すると、スクリプトの文章が口になじむため、しゃべりが滑らかになります。「口になじむ」というのは、かなり重要なことです。たどたどしい話し方は、耳障りに感じられるものだからです。

最近、スポーツの分野で言われていることですが、ある程度のレベルにある人が、それ以上のレベルにいくためには、体力や筋力のトレーニングと同様にイメージトレーニングを重視するそうです。

よいイメージトレーニングができた時は、結果もいいそうです。

テレアポではイメージトレーニング以外に、実践（体の練習）も必要です。

実は、テレアポを1時間もやるとかなり体力を消耗します。これは、断られることに対するストレスと、相手の間やノンバーバル・コミュニケーションを、全身を使って感じようとしているからだと思います。

私は今でも現役のアポインターとしてテレアポしていますが、丸1日やるとクタクタです。通常、1時間やると、10分くらい休憩します。

テレアポは体力もいる仕事なので、実践での体力強化の練習も必要です。

ポイント

イメトレでは相手がいるように想像して話すことで、スピードや間をチェックできる

「忙しい」と言われたら
（174ページ参照）

必要ない

「わかりました。それなら仕方がありません。ちなみに、また後日折りを見てご連絡させていただいてもよろしいでしょうか？」

必要はあるが忙しい

「必要ではあるということですね。あとは○○様しだいです。一度お話を聞いてご判断ください。お忙しいということなので、簡潔に話します。__日の__時か__日の__時はいかがですか？」

「お会いできるのを楽しみしています」

日時を決め、再度、会社名・名前・電話番号を伝える

SAMPLE TALK 4

YESの場合　**NO**の場合

「私、個人事業主様専門の記帳代行を行なっております、リンクアップの竹野と申しますが、代表の方または経理担当の方はいらっしゃいますでしょうか？

必ず、何をしている会社か伝える

「突然にすみません。私、個人事業主様専門の記帳代行を行なっております、リンクアップの竹野と申しますが、少々お時間をいただけますでしょうか。現在特別価格にて、帳簿の作成をさせていただいております。当社は記帳代行を個人事業主様に特化して行なっておりまして、皆様に非常に喜ばれております」
「現在、帳簿の作成はご自分でされていますか？」

少しゆっくりと、相手の呼吸を感じながら

下線部分は特にゆっくりと第三者の影響力を使って

自分でやっているが、今は忙しい

「わかりました。お忙しいということですね。いかがでしょうか、今回のお話は○○様にとっては必要のない話でしょうか」

スクリプトを話すときはここに注意！

ゆっくり話す

“切り替えスイッチ”を入れる

質問することで主導権を握る

話に食い違いはないか？
（電話によるコミュニケーションの難しさを認識する）

勝手に推測させるような説明をしない
わかりやすい、具体的なキャッチコピーなどを作っておく

言葉以外の雰囲気、“伝えたい”という気持ちも大切にする

言葉だけでなく、強弱のつけ方や区切り方などの
話し方にも気を配る

もう1人の自分が客観的に全体をチェックする

役者のように演じ、司会者のように「間」をあける

スクリプトを暗記しない。
紙に書いてあることをそのまま話す

相手はきちんと対応してくれないのが当たり前と考える

反論はひとつの“コミュニケーション”

相手の反論は、真の断り文句なのか？

逃げられそうになったら引くのも一案

イメトレ・ロープレ・体力強化なども実践する

5日目

お客様の断り文句を知ろう

——なぜお客様は断るのか？

TELEPHON APOINTMENT

悪いのは誰だ

「なぜ、お客様は断るのか」を考える前に、「かけるほうが悪いのか？　断る相手が悪いのか？」というテレアポの根本的な問題を考えてみましょう。

なぜ、テレアポは断られるのでしょうか？

多くの人の頭の中で「テレアポ＝悪」という図式ができあがっているから、というのが断られる理由のひとつだと思います。

テレアポのコンサルティングでは、アポインターの方に質問することがあります。

「自宅にかかってきたテレアポにきちんと対応しますか？」と。

すると、ほとんどの人が「きちんと対応しない」と答えます。「なぜ？」とさらに聞くと、「テレアポだから」と答えます。

これが究極の答えだと思います。

テレアポをやる側の人ですら、テレアポを受けることをイヤがっているのです。

実は、テレアポをすることに罪悪感を持っている人は多いと思います。「できれば、やりたくない」というのが本音かもしれません。

しかし、テレアポされるのをイヤがっていた人が、自分でテレアポして〝ガチャ切り〟されると、このように言います。

「腹立つなぁ、何もガチャ切りしなくてもいいのに」と。

私は、この光景を見て思います。自分でもしているのに、立場が変わると……。

結局のところ、受け手はもちろん、テレアポする側も「テレアポ＝悪」と思ってテレアポしているのです。

日常的にたくさんのテレアポの電話がかかってきますが、その電話がしつこいと、耳に残ります。そうなってしまうと、次からテレアポされたくないですよね。そんな状況の時にたまたまあなたが電話をかけると、タイミングが悪く断られるでしょう。

悪いのは、私も含めてみんなです。断るお客様だけが悪いわけではありません。今、あなたが断られたのは、自分が今まで断ってきたのと同じことをされているのです。

ですから、私のテレアポは断られることが前提なのです。

ポイント
テレアポする側も心のどこかで「テレアポ＝悪」と思っている

オファー・目的がズレている

お客様の断り文句の中で多いものに、「いらない」「必要ない」があります。

お客様の反論に粘って切り返すことが有効なケースは少なくありませんが、そもそも的外れな提案をしていると、うまくはいきません。

的外れな提案は、リストやターゲット選定の段階で間違えてしまっている場合がほとんどだと思います。

「ここは大丈夫だろう」と思った会社に断られると、普通は「あれ？」と思ってしまい、切り返しを忘れます。

例えば、女性用のエステを紹介するために女性が多い会社に電話をしたつもりが、「男性しかいない」と言われてしまったら、あなたはどうしますか？

・自社の男性用の商品を提案する

・奥さんや娘さんがいないかを聞く

方法は何パターンかあります。

こちらの提示したオファー・目的が不適切なことはよくあります。必要のないものを売ろうとしても、相手は興味を示さないので売れません。

目的に沿わないものを断るのですから、お客様は正論を述べているのです。

間違ってしまった時は、こちらが引き下がるか、別のものを提案しましょう。

お客様の断りに「あれ?」と止まってしまったり、「そんなはずじゃない」と思っている余裕はないのです。

ダメな場合でもすぐに別の提案ができるかどうか、こういう対応力は経験と耳のよさがものを言います。相手の真意を聞けるかどうかです。

ポイント

的外れな提案をしてしまったら、相手の真意をつかみ別の提案ができるようになろう

タイミングがズレている

タイミングのズレは、オファー・目的がズレているのと同じようなことです。

今、現時点での提案に対して「NO」と言うのは、お客様にとっては正論で、断って当たり前のことなのです。

問題は「少し前ならよかった」「少しあとならいい」など、時期の見極めです。

「少し前ならよかった」場合は、すでに他社で契約してしまっている可能性があります。

「もう少し前なら」と言うには、何らかの理由があるのです。

では、ここで何を考えるかと言うと、「次にくるチャンスはあるのか？　ないのか？あるとしたらいつなのか？」ということです。

少しあとなら、その時期はいつなのか？　先を見据えて今から会って検討できないのか？　資料を送付しておいて見てくれないのか？

タイミングがズレている場合は、オファー・目的がズレているよりはわかりやすく、対応もしやすいと思います。なぜなら、タイミングを探ればいいからです。

ただし、タイミングがズレている場合は「また電話してよ」と言われることが多いので、そう言われる前に「それがいつなのか」を詰めておくことが必要です。

バカ正直に相手の言葉を信じてしばらくしてから電話すると、もう他社で契約してしまっていた、というケースもあります。

時期が明確にわからない場合は、定期的に連絡させていただく許可をもらったり、メールアドレスを聞いてメールで定期的に連絡を取ったりすることも必要です。

タイミングがズレているのは「今ではない」というだけで、見込みはあります。しかし、質問して「いつ?」という真意を聞く能力が必要です。

ポイント

いつなら検討してもらえるのか、時期を聞くようにしよう

ノンバーバル・コミュニケーションがズレている

何度かノンバーバル・コミュニケーションに関して触れてきましたが、ここでは論理的でなく、感覚的な部分で「なぜ、お客様は断るのか」についてお話しします。

電話で相手の声や感じがイヤだと思ったことはないですか？　何となく、この人の声がイヤ、しゃべり方がイヤなど。

これは電話を受けた相手が意味もなくそう思っているのではなく、電話をかけたほうが何かを発している場合がほとんどです。

例えば、適当にたくさんかければアポ1件くらいは取れると思って、テレアポを〝作業〟として椅子により掛かってダラダラとやっていると――自分ではダラダラ感を声に出していないつもりでも、相手にはノンバーバル・コミュニケーションによって伝わっている場合があります。

怖いもので、人は「感じる」のです。

私も実際に「あ～、この人はアポを取る気がないなぁ」と感じるテレアポを受ける場合があります。淡々と話していて、こちらが何か反論すると、すぐに引きます。まったく切り返しをしません。

テレアポはたくさんの電話をかけ、たくさん断られ、嫌味も言われます。しかし、投げやりにやってはいけません。投げやりさは必ず伝わっています。

他にも例を出すと、テレアポに慣れていない方からテレアポされると、すぐに慣れていないとわかりますよね？　話し方や間によって、電話に出た瞬間にわかります。

ノンバーバル・コミュニケーション（非言語伝達）をバカにはできません。

また、最初はダラダラして、相手が興味を示したら、まったく違うしゃべり方になる人もいますが、これは手抜きです。この場合も、最初の手抜きの部分に相手が気づいていないと思っているようですが、しっかり相手には伝わっています。

もし適当にやってアポが取れるなら、皆さんもっと楽にテレアポしています。

いつわりのコミュニケーションをしても、お客様は見抜いています。

ポイント

〝やる気のなさ〟、〝手抜き〟は見抜かれる

お客様は断るフリをする

テレアポでは相手の顔が見えないので、表情から雰囲気や感情を読み取ることはできません。ですから、断る〝フリ〟をすることは簡単です。

なぜ、そうするのかと言うと、テレアポは突然の電話だからです。

会ったこともない人、しかも顔も見えない人が「会いたい」と突然に言ってきます。「これはもしかしたら、詐欺かもしれない」と思っているかもしれません。〝売られる〟と思って警戒しているのかもしれません。

「とにかく、すぐには返事をしないようにしよう。もう少し判断基準がほしい」相手の心理はこんなところだと思います。

特に日本人は、「努力こそが美。簡単にできてしまうことは悪いこと」と考えがちで、営業活動にもそれを当てはめる傾向があります。

以前、新規開拓の飛込み営業をしていた頃、なかなか会ってくれない社長さんがいました。何度通っても会ってもらえず、名刺にひと言コメントを残して帰るということを繰り返していました。

数ヶ月後、今日もダメなんだろうなと思って訪問すると、「名刺が20数枚になったので会いましょう」と言われました。1回や2回訪問しただけでは信用してくれないということです。これも〝フリ〟です。

また、飛込み営業をしていると、対面して最初の数分に微妙な距離があります。まだ、相手が私を信用していないからです。

その際、相手の方は名刺と私の顔を交互に見て、何かを感じようとしています。

相手の方はこう思っています。「誰だコイツは？　騙されないぞ。買わないぞ」と。

私は満面の笑みで質問したりしてコミュニケーションをします。しかし、相手の方はなかなか真実を教えてはくれません。フリをします。

突然、どこの馬の骨ともわからない奴がやって来たわけですから、無理もありません。

テレアポもこれと同じです。突然、電話してきた奴に真実は伝えません。電話では顔が見えず、表情を読まれないため、なおさら、真実は伝えません。ですから、相手のフリに惑わされないで、テレアポをコントロールすることが重要です。

ポイント
お客様の「断り」は、見知らぬ相手からの突然の電話への警戒

あなたはお客様から試されている

前項の「お客様は断るフリをする」と同様の話ですが、お客様はあなたを試します。

一度電話をしただけのあなたをすぐには信用しません。ですから、あなたが会うに値するかどうかを試そうとします。

反論をします、質問をします、断るフリをします。

ここでも、相手のノンバーバル・コミュニケーションを感じることが重要です。

相手の真意は何なのか。相手の言っていることを真に受けるか、言葉の裏を考えて切り返すか。こんな応酬話法ややり取りが、私は個人的にはかなり好きです。

この攻防戦がテレアポの醍醐味と言っても過言ではありません。

自分の言葉やコミュニケーションだけで、相手をこちら側に向かせることができるので、断っている相手が、会うとなった時は狩猟的な快感があります。

ただしこの時、頭の中は大変なことになっています。

今、相手の言ったことは真実の反論？　それとも試されている？

今の返しは合っていたかなぁ。

もうひとつ何か言ってから、クロージングすればよかったかな？

など、ほんの短い間にいろいろなことを考え、話しています。このようなことができるのは、試されているということがわかっているからです。この前提がないと、最初の反論で引き下がっているでしょう。

これがわかったのもたくさんの経験によります。

例えば、ヘッドハンティングの電話で、「転職の意思はまったくありませんから」と言っている方に「おっしゃることはよくわかります。私は転職を考えている方は対象にしていません。転職を考えていない方を対象にしています」と言った瞬間に「会いましょう」となるのです。

相手の方は、仕方がなく会うという状況を作ったほうが優位に立てるので、簡単に会うとは言ってくれません。だから、応酬話法が必要なのです。これを理解して、そういう状況を作ってあげることも重要です。

ポイント
お客様は信用していないアポインターを〝試す〟

お客様がイヤなら途中で止めて、話を数回に分ける

前章でも触れましたが、お客様がイヤがる時は話を止めてしまいましょう。

テレアポをするうえで苦痛なことのひとつに、イヤがっている相手を説得しなければ会えない、ということがあります。

本当に必要のないお客様もいるので、お客様の断りが正論の場合もあります。本当にイヤだと言っている人の場合は、話を止めましょう。

しかし、止めるだけでは能がありませんから、もう一度電話していいかどうかを聞きます。

忙しいから断っている場合でも、時期が合わないだけ、など状況はさまざまです。相手の状況に合わせるために、もう一度電話していいかどうかを聞くのです。

ヘッドハンティングのテレアポはこの繰り返しです。

ヘッドハンティングは現職で優秀な方を別の会社に転職させるので、ヘッドハンティングの電話を待っている人、ヘッドハンティングが必要な人に電話をすることはほとんどあ

りません。

この電話をすると、「転職の意思はありません」という回答がほとんどです。そう返されることはわかっているので、前述のように「転職を考えている方は対象にしていません」という応酬話法で切り返しますが、これを使わない場合があります。

突然の電話で「転職しませんか？」と、ある意味無謀なオファーをしているので、1回で結論を出さない場合があります。

電話の雰囲気から時間をかける必要性を感じた場合は、話の内容を数回に分けることを選択し、相手と多くのコミュニケーションを取って、打ち解けてから会うようにします。

相手の断りがもっともだと思った場合、なぜお客様が断るのか理解できた場合、その時は深追いしません。

次のチャンスをもらうことを選択します。

なぜお客様は断るのかがわかっていると、このような対応を取ることができるのです。

ポイント

相手にとって必要ないのか、なぜ断るのか、まで理解できれば、深追いしないことも

「必要ない」には二つある

お客様の断り文句で多い「必要ない」――こう言われるお客様の真意は何でしょうか？

本当に必要ない……これは対応できません。
今は必要ない……これは対応できます。

しかし、ほとんどのお客様は「今は必要ない」とは言ってくれません。ただ、「必要ない」とだけ言われます。それもかなり冷たい口調で。

将来的に必要かどうか、お客様自身が気づいていない場合もありますが、こちらから聞かないことにはわかりません。

「必要ないというのは今現在の話ですか？　将来的にはいかがですか？」と。

例えば、法人の決算対策用に生命保険のテレアポをする場合。

私　「決算対策の件なのですが――」
相手「必要ない」

この「必要ない」は、かなり早い段階で言われることがあります。決算時期に同じような電話が多いというのも一因だと思いますが、私が話し終わる前に言われるケースもあります。

この場合、多くのアポインターは「一度会って話を聞いてほしい」などのお願いをします。それでも、ほとんどの電話は切られてしまいます。私の場合は、

「必要ないのは、今のことですか？　来年はどうですか？」
「必要ないのは、決算対策ですか？　社員の福利厚生はいかがですか？」

などと「必要ない」を広げて会話します。

結果的にはダメな場合が多いのですが、この質問から思わぬ回答をいただいて、「保険といえば、個人で加入している保険で思い出したことがある」と別件でアポイントが取れたケースがあります。

ポイント
「将来的にも必要ないのか」を確認することで、会話が広がりやすい

「忙しい」にも二つある

前項に続き、「忙しい」にも2種類あります。
断り文句としての、

「忙しい」
「今は忙しい」

どちらであるかは、質問しないとわかりません。
ほとんどの方が、「忙しい」と言えば相手は引き下がると思っているため、ある意味、この言葉によってあなたは試されています。相手の真意を確認しましょう。

本当に忙しいのか？
断り文句としての「忙しい」なのか？

聞き方は簡単です。

「お忙しいとは失礼しました。では、いつ頃なら大丈夫でしょうか」

この回答で、「いつ」と時期を答えた方は脈があります。

相手の方の口から出たことは、真実として残ります。相手も嘘つきにはなりたくないので、言われた時期に電話すると覚えています。

このように、会話はキャッチボールなので、相手が投げた言葉をうまく拾って返すことが重要です。

相手の断り文句の真意を知ることができれば、対応策はあります。

そういう意味では、お客様の断り文句は怖くありません。コミュニケーションのひとつです。

ポイント

「いつなら大丈夫なのか」を聞けば、「忙しい」が単なる断り文句かどうかがわかる

ダメな時にはあと出しジャンケンをする

お客様の断り文句には、本当にダメ、というものもあります。その時はズルいやり方なのですが、あと出しジャンケンをします。

どういうことかと言うと、断られたあとに、最大のメリットを出すのです。

例えば、

「そうですか。実は期間限定のご案内だったのですが、残念です」

「そうですか。特別価格でのご案内だったのですが、残念です」

実は、このあと出しジャンケンの内容にあまり意味はありません。起死回生を狙っているわけでもありません。次回があるかどうかの確認です。

これを使うのは、完全に断られた場合です。それ以外は効果がありません。

相手が結論を出してから最大のメリットを出しているので、相手が「アレ？」と少しでも思ってくれたらいいのです。

その後しばらくしてからもう一度、「あの時の期間限定をまたやります」「あの時の特別価格をまたやります」というような会話で、またテレアポできるかどうかを確認するわけです。

完全に断られた場合は、次にテレアポするきっかけが難しいものです。

テレアポをする側としても、断られた苦い経験が頭に残っているので、電話になかなか手が伸びないものです。

そういう心理的な怖さを払拭するためにも、最後の最後であと出しジャンケンをします。

1本の電話には通話料というコストがかかっていますから、ダメでも何か次回につながるネタを得たいと考えています。

私のテレアポはタダでは転びません。

ポイント

断られてから「最大のメリット」を出すと、再度テレアポしていいのかどうかがわかる

「NO」をあえて引き出す

なぜ、お客様は断るのか？

究極の断りは、理屈でなく、「とにかく必要ない、いらない、忙しい」です。「とにかく」なので、切り返しようもありません。

現実にこういうテレアポは多いものです。そもそもテレアポは断られることが多いので、ほとんどが「とにかくNO」かもしれません。

「NO」になる場合のテレアポは、途中で大体わかります。雰囲気で「NO」になりそうな予感がします。

そんな時は、あえてこちらから「必要ないですか？」「話の途中ですが、止めましょうか？」と聞いて、相手の「NO」を引き出しましょう。

なぜかと言うと、「NO」は一番最低ラインなので、それ以下はないからです。

それ以上に断られることはありません。

この章でこれまで述べてきたように、なぜ断るのかがわかれば対応策は取れますが、この場合は理由がわからないのであえて「NO」を引き出し、そこから始めるのです。

なぜ、断るのか？　どういうものを望んでいるのか？　そもそも電話したことが間違っているのか？

とにかく理由を聞くのです。もしかすると、その理由から話が広がるかもしれません。あるいは反対に、「その理由なら引き下がれます」と言えることを教えてくれるかもしれません。

断りの理由がはっきりすれば、次回につながります。

もう電話しないところとなるのか？　また次回電話するところとなるのか？

これがはっきりしているかそうでないかは、かなり違います。

テレアポが嫌われる理由に、同じところからしつこく電話がかかってくるということがあります。これは、断りの理由を明確に聞かなかったり、聞いた理由をリストに書いていないことによります。

お客様の断りの理由がわからなければ、それを聞きましょう。

ポイント

「なんとなく断られそう」な時は、あえて「NO」を引き出し、その理由を探ろう

「間に合っている」と言われた場合

（179ページ参照）

➡ **YES**の場合

➡ **NO**の場合

満足している

「そうですか。現状で満足されているならすばらしいですね。ただ、私も今すぐにとは思っておりません。今後のことを含めて御社にとってよい話かどうか、ご判断いただきたいのですが。ぜひ一度、お話を聞いてください。つきましては、__日の__時と__日の__時のどちらがご都合がよろしいでしょうか？」

満足していない

「そうですか。それでは具体的にどの部分がご不満なのかお聞かせいただけますか。また、私の話が御社にとってよい話かどうか、ご判断いただきたいのですが。ご判断は○○様にお任せいたします。ぜひ一度、お話を聞いてください。つきましては、__日の__時と__日の__時のどちらがご都合がよろしいでしょうか？」

「お会いできるのを楽しみしています」

日時を決め、再度、会社名・名前・電話番号を伝える

SAMPLE TALK 5

「私、リゾートホテル専門の人材派遣を行なっております、リンクアップの竹野と申しますが、人事・総務のご担当者様はいらっしゃいますでしょうか？」

必ず、何をしている会社か伝える

「突然申し訳ありません。私リゾートホテル専門の人材派遣を行なっております、リンクアップの竹野と申しますが、少々お時間をいただけますでしょうか。現在リゾートホテルの皆様に人材派遣のご案内を差し上げております。当社は派遣業務をリゾートホテル様に特化して行なっておりまして、ホテル業界の皆様に非常に喜ばれております」
「現在人材派遣はお使いですか？」

少しゆっくりと、相手の呼吸を感じながら

下線部分は特にゆっくりと第三者の影響力を使って

派遣は他社を使っていて間に合っている

「そうですか。間に合っているということですね。どうでしょう。今の会社に120％満足していらっしゃいますか？」

なぜ、お客様は断るのか？

そもそも断られて当たり前と思う

オファー・目的がズレている

タイミングがズレている

やる気がなく、投げやりになっていないか？

本気で断っているのか？　試されているのではないか？

場合によっては話を数回に分ける

「必要ない」「忙しい」は“今は”なのか？

断られたあとに“最大のメリット”を提示して
次のきっかけをつかむ

断りの理由がわからなければ、「ＮＯ」をあえて引き出す

6日目

お客様の「NO!」への対処法

TELEPHON APOINTMENT

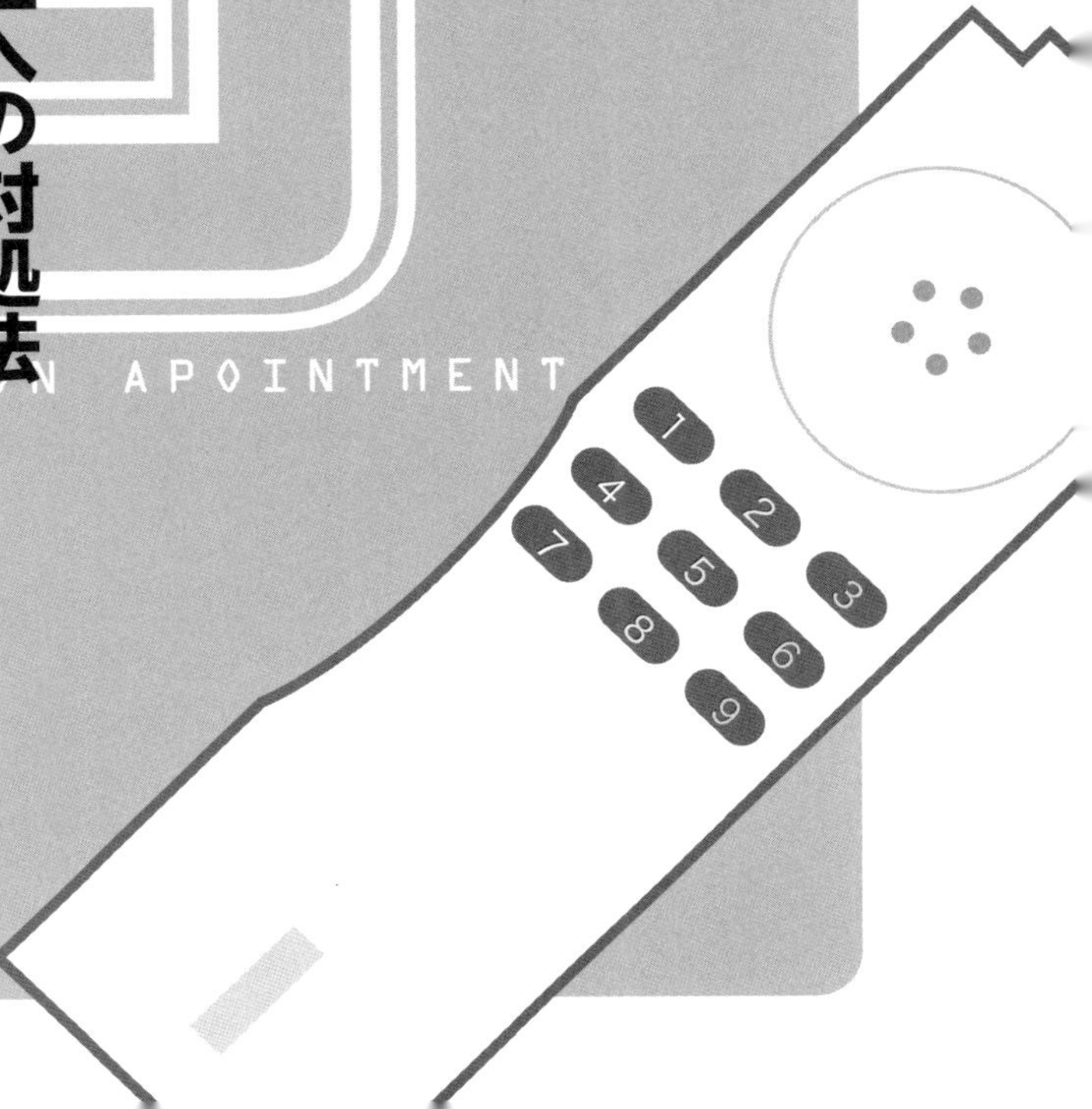

「こちらから電話します」

「こちらから電話します」というお客様の言葉には、どう対応すればいいでしょうか。

テレアポで「こちらから電話します」と言われて、かかってくることはほとんどありません。

テレアポはほとんどが初めての電話なので、詳細を話せることは少ないはずです。

このため、折り返し電話がかかってくることはほとんどあり得ないことなのです。

この場合は、相手の方は早く電話を切りたいという気持ちから、このように言っているケースがほとんどです。

この場合の切り返しの例です。

例①

「そうですか。ご連絡をいただけるということで、ありがとうございます。しかし、○○様、私はまだ◇◇（商品・サービス）に関しては何もお話ししていません。ご検討いただだ

くうえでの情報が少ないと思います。まずはお話を聞いていただき、よい話かどうかをご判断ください。○日の○時と○日の○時、どちらがご都合がよろしいでしょうか?」

例①では、今までの話では情報量が少ないでしょう。ですから会って話しましょう、と言っています。

逃げられないために、核心を突く言葉が必要ですが、ここでは「まだ◇◇（商品・サービス）に関しては何もお話ししていません。ご検討いただくうえでの情報が少ないと思います」という部分がそれに当たります。お客様の反論は断りでもあると考えられるので、きちんと逃げ道を塞ぐことが必要です。

例②

「そうですか、○○様。ご連絡をいただけるということで、ありがとうございます。しかし○○様、残念なことにご連絡いただけるケースは少ないものです。○○様は違うと思いますが、皆様お忙しいので、なかなかご連絡をいただけません。そこで、まずはお話を聞いていただいて、よい話かどうかをご判断ください。お話を聞いていただいてから、○○

様のご連絡を待たせていただきたいと思います。○日の○時と○日の○時、どちらがご都合がよろしいでしょうか?」

例②は、電話しますと言われてもほとんど電話はかかってきません、とストレートに言っています。ある意味では相手を怒らせるような内容ですが、カチンとくるくらいでないと印象に残りません。

ただし、「○○様は違うと思いますが」とフォローすることを忘れてはいけません。

この「○○様は違うと思いますが」で相手に釘をさしておいて、「会いましょう」とこちらのペースに持っていっています。

二つの切り返しの根本には、相手の反論を「きちんと受け止める部分」と「真に受けない部分」とをうまく取り入れています。

お客様の反論をすべて、真実・事実として受け取ると大変なので、「いなす」ことも重要です。

応酬話法はバランスよく組み立てましょう。

ポイント
お客様の反論を「受け止める部分」と「いなす部分」に分けてさらに反論しよう

「会っても意味がない」

「会っても意味がない」と言われてしまうと、かなり落ち込むと思います。キツイ言葉です。冷たく、投げやりに言われたりすると、反論する気持ちも失せてしまうかもしれません。ただ、ここまではっきり言うのにはそれなりの理由があると思います。

その理由の部分を確認しましょう。

この場合の切り返しの例です。

「そうですか。お会いいただけないのは残念です。ひとつお聞きしたいのですが、会っても意味がないとおっしゃるということは、すでに同じような商品をお使いですか？」

最後の部分はさまざまあると思います。

「金額が高いと思われていますか？」

「新規取引は一切しないお考えですか？」

「まったく、◇◇のような商品は必要ないですか？」

このように「会っても意味がない」という理由を探ることが重要です。そして、納得できる理由だったら引くことも必要です。

しかし、予算の問題や、他社を使っているというような、入り込む余地がある場合は引き続き切り返していくべきです。

「会っても意味がない」と言われてしまうと、もうどうしようもないように感じるかもしれませんが理由によってはまだ切り返す手段はあります。

相手は「会っても意味がない」と言えば、あなたが勝手に引き下がっていくと思っているのかもしれません。相手の真意を確かめましょう。

仮に今回はダメでも、切り返すことによって次回につながるヒントを何か得られるかもしれません。

ポイント

「会っても意味がない」理由を尋ね、入り込む余地があるのかないのかを確かめよう

「やはりいいです」

アポイントが取れそうで、最後の最後で「やはりいいです」と言われる経験はありませんか？

これもよくあるケースです。この場合は、「やはりいいです」と言われる前に問題があることが多いものです。

と言うのは、クロージングがきちんとできていないと、最終的に断られる場合が多いのです。

例えば「とりあえずご挨拶だけ」「近くに行きますので」「名刺交換だけでいいですから」など、本来の商品・サービスの内容を説明するために「会う」というよりも、ただ会うことだけに主眼を置いたトークだと「やはりいいです」と言われがちです。

まず会わなければ始まりませんので、アポの取り方として悪いわけではありません。しかしこのやり方だと、会った時にかなりの営業力が必要になります。

「会うだけ」と言ってしまうと、目的が弱いので、「やはりいいです」となってしまいがちなのです。

また、クロージングの最中に日程を相手任せにすると、相手が考えている間に「やはりいいです」となることもあります。

こうなる前に、自分でコントロールして日程を二つ提示して、相手に選択させるという方法を取らなければいけません。

相手に任せると時間がかかります。

時間がかかると、「やはりいいです」となる可能性が高くなります。

私はクロージングの前まではゆっくり話しますが、相手が「会うこと」を了解してからは話すテンポを速めています。

相手の気が変わらないうちに、スムーズに日程の話へ持っていきます。

このように、テンポを変えることもひとつのテクニックです。

では、最後の最後で「やはりいいです」と言われた場合の切り返しの例です。

「そうですか、お会いできませんか、残念です。では、また後日ご連絡させていただいてもよろしいでしょうか?」

最終的に「やはりいいです」と言われるケースでは、ある程度時間をかけてクロージングに至っていると思います。

また、一度ＯＫした方が撤回しているので、再び「会う」という段階まで持っていくには、テクニックと時間がかかります。

そこで、次のチャンスがあるかどうか、確認するのが有効です。

また、このケースの場合はテレアポの途中で何かしら悪い点があったはずですから、この悪い流れを一度断ち切って次回のチャンスにかけるのが賢明です。

ポイント

〝ただ会うことだけに主眼を置いたトーク〟をしない。日程の選択を相手任せにしない

「営業電話お断り」

「営業電話お断り」という言葉に苦労されている方も多いのではないでしょうか？

「営業電話お断り」というお客様の言葉には、どう対応したらいいでしょうか。

悪しきテレアポの影響で、テレアポをまったくを受けない会社も多くあります。テレアポ全体のイメージを改善したいところですが、なかなか簡単にはできません。

実は、この「営業電話お断り」には、基本的には処置なしです。

そこでまず、「営業電話お断り」に近いもので「ご用件をお伺いします」と聞かれるケースについてお話しします。こちらは、ある程度の確率で言われることがわかっているので、応酬話法は用意できます。ただ、正攻法ではないので取り扱いには注意してください。

生命保険の例で説明します。

決算月が近い法人に、決算対策として生命保険を活用していただくというテレアポをします。経理担当者や財務担当者、または社長と話をしたいのですが、保険会社と名乗るとその瞬間に相手は「売込み」とわかるので身構えます。

私「○○保険の竹野と申しますが、経理か財務のご担当者様はいらっしゃいますでしょうか?」
相手「どのようなご用件でしょうか?」
私「今年度の税制改正のご案内です」（キッパリと言う、オドオドしてはダメ）
相手「? 少々お待ちください。担当者と変わります」

私が言った「今年度の税制改正のご案内です」というセリフは、相手には何のことだかわからないと思います。そこが狙いです。売込みではないような気がするけれども、売込みかもしれない、相手の理解のレベルはこんな感じです。

よって、判断がつかないので電話をつないでもらえます。もちろん、見透かされて断られるケースもあります。

電話をつないでいいのか、ダメなのか、判断がつかないギリギリの会話をします。ただし、嘘をついてはいけないので、「知り合いを装う」「保険会社と名乗らない」ということはしません。

「今年度の税制改正のご案内です」というのは、生命保険は税務が絡んでくるので、保険に関する税制で話をすることはできます。ただ、100％嘘ではないものの、正攻法ではありません。

このようなやり方がいいかどうかはあなたが判断してください。

もし使う場合は、ご自分の扱っている商品・サービスの売込みと取られないような言い方を考える必要がありますが、それを考えるのは容易なことではありません。

他には、アンケートや質問という方法もあります。

では次に、「営業電話お断り」に対する正攻法の切り返し例です。60ページのサンプルトーク2も合わせてご覧ください。

例①

「御社の事情はわかりました。では、ご担当者様にＦＡＸにて資料をお渡しいただきたいのですが、いかがでしょうか？」

例②

「わかりました、御社の決まりということですね、ではひとつだけお願いがあります。私

は、ご担当者様の結論がいただきたいのです。それで駄目なら仕方がありません。今から申し上げることをメモしていただいて、ご担当様にお渡しいただけないでしょうか? 今お願いできるなら、今お願いします。あるいは、あらためてご連絡させていただきます」

例①はＦＡＸのパターンです。

電話はつなげなくても、ＦＡＸや資料送付なら了解してくれる会社があります。私は資料郵送よりもＦＡＸをお勧めします。

なぜなら、まだ担当者と話ができていない段階なので、見込み客となるのかどうかがわかりません。

よくわからない段階で資料送付のコストをかけることがいいかどうかわからないという点と、ＦＡＸのほうがすぐに送信できる、見てもらうのにも時間がかからないという点で、ＦＡＸをお勧めするのです。

この際、ＦＡＸの文面にはスクリプト作成のポイントと同じように、キャッチコピー、商品・サービスの特長を中心にビジュアルも入れて作成します。

必ず手書きの部分も作りましょう。手書きの部分があると、人の温かみが伝わるからです。ＦＡＸにも手書きによる気持ちを乗せます。

例②は、電話に出た方に伝言してもらうやり方です。

担当者に何も聞いてもらえない状態で断られるのはイヤなので、担当者の結論が切にほしいと訴えます。ここはかなり感情を入れることが必要です。

伝えたいことは、簡潔にメモしていただけるように事前にまとめておきます。

そしてここがポイントですが、**「今お願いできるか」「後日になるか」**――きちんとここまで詰めないと、相手は面倒なのでやってはくれません。

最初に述べたように、「営業電話お断り」に対しては、正直なところあまり効果的な応酬話法はありません。

ただ、電話をかける時間帯を考えることが有効な場合もあります。

例えば、受付の方だと「決まりは決まり」と言われてしまいます。しかし、受付の方が帰った時間帯に電話をすると、電話に出た方によっては何も言わずに担当者につないでくれる場合があります。

話法だけでなく、やり方を変えることもひとつの方法です。

ポイント

ＦＡＸ・メモなら渡してもらえるか、今やってもらえるか、を確認しよう

「予算がない」

「予算がない」というお客様の言葉には、どう対応したらいいでしょうか。

「予算がない」という反論を私は歓迎します。予算があれば購入していただけると考えることもできるからです。そこで、まず予算の状況を確認します。

「予算がない」というのは、今期の予算組みが終わっていて無理なのか？

あるいは断り文句としての「予算がない」なのか？

通常、企業ではひとつの会計年度において「予算がある・ない」を判断すると思います。

そこで、「予算がない」という回答が今期の話なら、来期の予算を組んでいただけるように商談すればいいはずです。

この場合の切り返しの例です。

「わかりました。今期は予算がないということですね。それでは来期ということではいかがでしょうか。金額に関しては弊社も検討させていただく余地はあります。ただし、御社

の具体的な状況をお聞きしないと、金額の提示ができません。一度、お伺いさせていただいてお話をお聞かせください。つきましては、○日の○時と○日の○時、どちらがご都合がよろしいでしょうか？」

「今期は予算がない」のではなく、断り文句として「予算がない」と言われた場合、強い口調の断りだと感じたら、私は引きます。

金額のことを電話で話すのは危険だからです。

金額が妥当かどうかは商品・サービスの内容を説明して、その内容と共にメリットがあるのかどうかを判断していただくべきだと考えています。

相手の方が、内容よりも金額・予算だけで断ってきた場合は、次回のテレアポにつながるネタを探すか、素直に引いて、また後日電話します。

ポイント
来期の予算もないのかを尋ねよう

「高い」「値段が高い」

「高い、値段が高い」というお客様の言葉には、どう対応すべきでしょうか。

通常のテレアポの流れでは、金額には触れずに面談時に説明します。

ただし、金額を言わないとアポイントが取れないケースがあるので、金額を提示して「高い、金額が高い、値段が高い」と言われた場合の応酬話法をご説明します。

金額を提示すると、ほとんどが「高い」と言われます。

「安い」と言われた場合は、アポが取れるケースです。

この高い・安いには基準があります。

電話の相手は、自分自身の基準に照らして言っているのです。

- **自分が思っていたより高い**
- **他社の商品より高い**
- **今使っているものより高い**

など。

そこでまず、「高い」が「何よりも高いのか」を確認しましょう。

「高いということですが、すでにお使いのものがありますか？」

「高いということですが、他社の商品と較べてのことですか？」

「高いということですが、いくらぐらいなら検討できますか？」

このように、「高い」の基準を確認します。

対象がわかったら、対象との違いを説明します。88ページのサンプルトーク3をご参照ください。


すでに使っているものがある、他社と較べて高い場合

「なるほど、A社をお使いですか？　それなら高いとおっしゃるのもわかります。実はA社とは××の部分が違います。もし、××の機能をなくしますと金額は同じくらいになります。しかし、◇◇の特長は××の機能がついていることです。いかがでしょうか？　ぜひ一度、そのあたりのお話をさせていただきたいと思います。○日の○時と○日の○時、どちらがご都合がよろしいでしょうか？」

いくらぐらいなら検討できますかの場合

「そうですか。○○様の予算はわかりました。予算に関しては弊社も検討させていただく余地はあります。ただし、もう少し御社の具体的な状況をお聞きしないと、具体的な金額の提示ができません。そういったことを踏まえて一度、お伺いさせていただいてお話をお聞かせください」

応酬話法は、相手の言葉の真意を確かめるために使います。相手の方が何を伝えようとしているのかを確認するのです。

それによって、次の対応が変わってきます。

ポイント

何と比べて「高い」のかをまず確かめよう

「忙しい」

「忙しい」というお客様の言葉と似たようなものに、「時間がない」という反論がありま
す。「時間がない」への応酬話法は、前著で紹介しています（4章115ページ）。

一般的な切り返し方法として「何とかお会いしたい」や「会うだけでいいですから」が
あります。

しかし、このやり方ではどうしても〝お願い口調〟になってしまいます。お願いすると、
その後の商談で不利になりかねません。なるべくなら、よい条件で会いたいところです。

そこで、「忙しい」も具体的に掘り下げていって、切り返します。

「会う気はあるが忙しい」

「断り文句としての忙しい」

「今は忙しい」

このように、「時間がない」は三つに分類できます。

「会う気はあるが忙しい」の場合は、会う気持ちがあるので、具体的な日程を提示して

どんどん詰めていきます。押してみることです。

「断り文句としての忙しい」の場合は、今回は引いて次回につなげましょう。

「今は忙しい」の場合は、いつなら時間があるのか、相手から引き出すことです。

そして、その時期が来たら再度テレアポします。

「忙しい」も基本的には「時間がない」と応酬話法は同じです。

ひとつ例を出しておきますので、126ページのサンプルトーク4と合わせて参考にしてください。

「わかりました。お忙しいということですね。いかがでしょうか、今回のお話は御社にとっては必要のない話でしょうか」

必要ない場合

「わかりました。それなら仕方がありません。ちなみに、また後日折りを見てご連絡させていただいてもよろしいでしょうか？」

必要な場合

「必要ではあるということですね。それなら、あとは○○様しだいです。お時間は私のほうで合わせます。お忙しいということなので、簡潔に話します。○日の○時か、○日の○時はいかがですか？」

この場合も、「忙しい」ということの真意をまず確認しています。そして、根本的な点、今回の話が必要かどうかを確認します。その回答によって切り返しが変わります。

「必要ない」…この場合は引きますが、次回連絡してもいいか確認しています。

「必要」…この場合は、必要性を感じているなら、あなたしだいですと言い切っています。このくらい言わないと、また逃げられる可能性があるからです。

ポイント

「忙しい」相手でも、会う気があるのかどうか、今回の話が必要かどうかを確認しよう

「今のところ必要ない」「今後も必要ない」

「今のところ必要ない。今後も必要ない」というお客様の言葉には、どう対応したらいいのでしょうか。よく言われる反論ですが、一度このように言われてしまうと、なかなか切り返せないものです。

まず、お客様の反論にすべて切り返すことは不可能であるということを認識してください。

また、切り返さないほうがいい場合、今は引いて次回に賭けたほうがいい場合もあります。

「今のところ必要ない。今後も必要ない」と言われるケースでは、お客様はキツい口調か冷たい口調だと思います。

「今は必要ない」だけならわかりますが、「今後も必要ない」と加えているので、今後電話がかかってくることを予測して、その後の電話もブロックしている手強い相手です。

相手の方の言い方にもよりますが、完全に話を聞くことを遮断していると思います。この場合は、何をやっても無駄です。強引に切り返すと怒られる場合があります。

ただし、今後のことは誰にもわかりません。未来は誰にも予測できないため、私はその後につなげることだけをします。この場合の切り返しの例です。

「そうですか。必要ないことはよくわかりました。では今後、〝もし〟ということがあるかもしれませんので、弊社の案内をFAXさせていただきたいのですが」

簡単な案内を1枚用意しておいて、FAXします。郵送でなく、FAX。これは受け手の手間を考えています。

166ページでもご説明しましたが、郵送では時間もコストもかかります。FAXならすぐに送れて、郵送より低コストですみます。

郵送だと大袈裟なうえ、封筒を開けていただける保証もありません。その点、FAXならその場ですぐに見える形で送れます。

このFAXの目的は、次回電話するための布石です。「そういえば、あの会社から……」くらいの印象が残っていればいいのです。

ポイント
完全な拒否に見える場合でも、案内のFAX送付の許可をもらい、次回につなげよう

「間に合っている」「特に困っていない」

「間に合っている。特に困っていない」というお客様の言葉には、私がいつも使っている切り返しがあります（152ページのサンプルトーク5参照）。

「そうですか、間に合っているということですね。どうでしょう。今のものに120％満足していらっしゃいますか？」

回答がYESの場合

「そうですか。現状で満足されているならすばらしいですね。ただ、私も今すぐにとは思っておりません。今後のことを含めて○○様にとってよい話かどうか、ご判断いただきたいのですが。ぜひ一度、お話を聞いてください」

回答がNOの場合

「そうですか。それでは具体的にどの部分がご不満なのか、お聞かせいただけますか。また、私の話が○○様にとってよい話かどうか、ご判断いただきたいのですが。ご判断は○○様にお任せいたします。ぜひ一度、お話を聞いてください」

「120%満足していますか?」――この言い方はいろいろな場面で使えます。100%でなく、120%というところがポイントです。

間に合っている、困っていないとは言うものの、満足し切っていることなどほとんどないので、相手が少しでも不満なところを思い出してくれたら、そこをつきます。

他のやり方は「価格勝負」です。

間に合っている、困っていないということは、すでに他の商品・サービスがある場合か、そもそも需要がない場合です。

需要がない場合はどうしようもありません。

そして、すでに他の商品・サービスを使っている場合は、それがなくならないと受け入れてもらえないかもしれません。

そこで、まずは状況を探りましょう。

「そうですか、間に合っていますか。実は今回は特別価格をご提示しようかと思っていたのですが……」

この例では、相手に一番わかりやすいメリットとして価格を出してみました。価格の話をして、少しでも興味を示したらアポを取るトークに入ります。

また、価格で駄目な場合は納期の早さや、メンテナス無料など、相手にとってメリットになりそうなことをぶつけて探ります。

見つかったら、そのことに関して話したいので、と言ってアポを取ります。ブロックされても、何か糸口を見つけてそこから広げていくのです。

ポイント

現状に不満がまったくないのかを尋ね、提案の余地を探ろう

「決まった取引先がある」「他社を使っている」

「決まった取引先がある。他社を使っている」というお客様の言葉には、どう対応したらいいでしょうか。

この場合も前項の「120%満足していますか?」は使えます。

「今の取引先に120%満足していますか?」と切り返せます。

この切り返しから、ポイントを探して攻略していくことができます。

ただ、「決まった取引先がある。他社を使っている」という反論の中に、縁故や知人や取引先の関係で、といった内容が加わると厄介です。

特に多いのが「保険」の場合です。

知人の紹介で保険に入っている場合、ほとんどアポは取れません。突然電話してきた〝誰だかわからない人間〟より、知人のほうが信用できるためです。

この場合は、知人から何の保険に入っているかを確認します。

昔は、生命保険と損害保険は分かれていたので、知人から損害保険に入っている場合は

「生命保険の話です」と言えました。

しかし、最近ではどちらも扱えるようになっているため、このトークは使えません。

ただし、この考え方は使えます。

オファー・目的、商品・サービスを、〝知人の方がやっていない内容〟に変えてアポを取ることは可能です。

ポイント
知人・縁故と取引している場合、別の商品などを提案しよう

「そんなにいいなら自分でやれば」

「そんなにいいなら自分でやれば」というお客様の言葉には、どう対応したらいいでしょうか。

この反論は、比較的個人向けのテレアポに多い反論です。

金融商品や投資用のマンションで、オファー・目的が「利益が出る」「儲かる」という場合に言われることが多い反論です。

お客様の言うことにも一理あります。

お客様はあなたを信用していないため、「自分でやってみて確実に利益が出るかどうか証拠を見せろ」と言っているのです。

この場合の切り返しの例です。

「○○様、おっしゃることはよくわかります。実は私も購入して使っております。実際にこの商品のメリットを感じているので、○○様に自信を持ってお勧めできるのです。ぜひ

一度、お話を聞いてご判断ください」

私は保険会社に勤務していた頃、「いい話なので一度聞いてください」とテレアポしていました。

このように伝えると、「いい話なら、あなたはどうしているの？　あなたはどういう保険に入っているの？」と聞かれることがあります。

この場合は、自信を持って「わかりました。では私の加入している保険の内容を当日ご説明させていただきます」と切り返します。

私自身の保険も完璧にプランニングしてあったので、こう言われても戸惑いはありません。

商品・サービスによっては、実際に購入することが難しいものもあるかと思います。ただ、本物にはなかなか勝てません。

儲かっている経営者は実際に稼いでいるので、その話に説得力があります。

テレアポでも同様に、商品・サービスへの自信や愛着は必要です。表面的に取り繕ってもバレてしまいます。

お客様が「自分でやれば」と言う時は、実際は嘘、あるいはそんなに利益が出ないので、自分では買っていないだろう、と思っているのです。

しかし、そこで「本当にやっている」と言われたら、お客様は何も返せませんよね。

56ページでご説明した第三者の影響力も有効ですが、直接の影響力もとても効果があります。

営業＝実践者だと、営業トークにも説得力が出て強みになります。

例えば、株や投資の本の中で、ある方が実践しているやり方・ノウハウ本が売れるのはそれが真実だからです。

実践している本物にはなかなか勝てません。

ポイント
商品・サービスを実際に自分で使っていれば、お客様に自信を持って提案できる

「検討します」

「検討します」というお客様の言葉には、どう対応したらいいでしょうか。

「検討します」という対応は、最初のテレアポと、資料送付後のテレアポ、二つの場面で言われることが考えられます。

最初のテレアポで「検討します」と言われるのは、会話としては変な点があります。スクリプトでは、オファー・目的、会社名・名前、商品・サービスの特長を伝えて、最後に「会いたい」と言っていると思いますが、この回答が「検討します」です。よく考えると、これは会話としては少し変です。会うことを検討するということですから。しかしこれもよく言われる例です。

この場合の切り返しの例です。

例①

「ご検討いただけるということで、ありがとうございます。しかし○○様、私はまだ何も

ご説明させていただいておりません。まずは、ご検討いただくうえでの判断材料をご説明させていただきたいと思います。つきましては、○日の○時と○日の○時、どちらがご都合がよろしいでしょうか?」

例②

あなた「ご検討いただけるということで、ありがとうございます。ご検討いただけるのは、お会いいただけるかどうかでしょうか? それとも私のご提案内容に関してでしょうか?」

会うかどうかの検討の場合

相手「会うかどうかですよ」

あなた「そうですか。お会いいただけるかどうかに関してのご検討ですね。どうでしょう、○○様、私はまだ何もご説明させていただいておりません。この段階では情報不足だと思います。私はとてもよい話だと思っています。しかし、○○様がよい話と思われるかどうかはわかりません。ぜひ一度、お話を聞いていただいてご判断ください。つきましては、○日の○時と○日の○時、どちらがご

都合がよろしいでしょうか?」

提案内容の検討の場合

相手　「提案の内容ですよ」

あなた「提案内容をご検討いただけるということでありがとうございます。しかし○○様、私はまだあまりご説明させていただいておりません。まずは、ご検討いただくうえでの判断材料をご説明させていただきたいと思います。つきましては、○日の○時と○日の○時、どちらがご都合がよろしいでしょうか?」

二つの例のポイントは、「まだ何も説明していないので、検討する状況でない。まず、会いましょう」と伝えることです。

検討すると言われても、本当にまだ何も話していません。検討していただけるのなら、きちんと話を聞いてからにしてほしい、ということを伝える内容です。

「検討します」は、逃げの言葉です。先延ばしの言葉です。

あまりストレートに「逃げるな」とは言えないので、検討するなら話を聞いてからにしてくださいと伝えます。

例②では、具体的に何を検討していただけるのか確認して、逃げられないように詰めていくやり方です。

また、「上司に相談します」や「主人に相談します」という反論もあるかと思いますが、その場合は、相談する相手が「決定権者」なのかどうかを確認します。

もし、上司や主人が「決定権者」なら、その方に会いたい、「決定権者」に検討していただくための情報提供をさせていただきたい、と伝えるべきです。

「○○と相談します」も逃げの言葉なので、逃がさないように詰めることが必要です。

もうひとつ、資料やＦＡＸ送付後の電話での「検討します」があります。

まず、相手の方はほとんど資料を見ていないということを前提にします。資料を見ていないので、先延ばしのために検討しますと言うのが通例です。

資料送付相手にアポを取る事例は７章で実践例として紹介しますので、ここでは、資料送付した方の「検討します」に対する応酬話法をご説明します。

通常は、５Ｗ１Ｈ「いつまでに検討するのか」「どこで検討するのか」「誰が検討するのか」「何を検討するのか」「何のために検討するのか」「どのように検討するのか」という項目を詰めていくと思います。

これが正攻法だと思います。しかし、ほとんどの方は資料を見ていません。
そこで、こんなやり方をしています。

あなた　「先日、資料を送付させていただきました○○の○○です。資料は無事届きましたでしょうか?」
相手　「あ〜、届いたよ。でもまだ見てないな」
あなた　「構いません。○○様はお忙しいと思いますので。そこでどうでしょうか、一度お伺いしてご説明させていただきたいと思いますが、○日の○時と○日の○時、どちらかご都合はいかがですか?」

この方法では、「資料を見た、見ていない」は一切無視します。目的は「会うこと」で、最終目標は販売や契約です。

送付した資料を見たか見ないかを確認するより、そもそも資料送付を許可したという時点で、少しは関心があるということに注目しましょう。

このため、資料送付は電話するきっかけとだけ考えて、あとはアポを取りにかかります。

資料送付によって、多少のコミュニケーションが成立しているので、このケースでアポが取れることがあります。
資料を見たか、見ていないのかにとらわれず、自分の目的が何かを考えて行動することが重要です。

ポイント
「検討」していただくために、お会いしてご説明させてほしい、と伝えよう

7日目

テレアポ実践例

TELEPHON APOINTMENT

反論を無視する

この章では、私以外のアポインターの方の実践例をご紹介します。

まずは、「反論を無視する」です。

Aさんの方法ですが、この方はかなり根性があります。反論を無視することなど、私にはできません。

ただ、これまでご説明してきたように、相手の反論はほとんどが〝フリ〟だったり、あなたを試すためのものです。そう考えると、無視することも時には有効と言えます。

「無視する」と言っても、相手と会話、コミュニケーションはきちんと取っています。独りよがりにしゃべっているわけではないことをご理解ください。

Aさんは具体的には、「忙しい」と言われたら「そうですか、それでは○日はいかがですか?」というように、自分のペースで会話を進めています。ここで相手が言う「忙しい」が、それほど重要な「忙しい」ではないことをきちんと理解したうえで無視しているのです。

これをわからないまますべて無視して自分勝手に進めていては、迷惑なテレアポになってしまいます。

反論にきちんと応酬話法で切り返すのが本来のやり方ですが、耳のいい人はこの例のように、反論を無視して進めても問題ありません。

むしろ無視してしまうほうが、コミュニケーション上優位に立てるので、相手の方が「この人には何を言っても無駄だ。仕方がない、会おう」となる場合もあります。

同様の対応策には、前著でも述べている「とおっしゃいますと？」や「いなす」ことがあります。

「とおっしゃいますと？」は、相手の反論に対して「とおっしゃいますと？」と切り返すことによって、もう一度相手が説明せざるを得なくなる方法です。

再び相手に投げ返しているのですから、これも、反論にはきちんと答えていません。

また、「いなす」とは反論を無視することに近いのですが、何か反論されたら、それが聞こえなかったように会話を進めます。

この場合は、たいした反論でなければ相手はそのまま会話を続けます。

重要な反論の場合は、相手は聞こえなかったと思ってもう一度同じことを言います。

反論を無視することもコミュニケーションのひとつです。
コミュニケーションはあなたが主導権を握っていることが重要です。主導権を握っていれば、反論を無視してもテレアポの会話をコントロールすることができます。

ポイント
重要でない反論なら、上手に無視することも有効

クロージングの連呼

クロージングのタイミングは難しいものです。間違えるとアポが取れません。

それを知っているのかどうかはわかりませんが、Bさんはクロージングを連呼します。

「会いましょう」「とにかく会いましょう」

クロージングのタイミングの難しさは、テレアポに限らず、商談でも、何かの販売でも一緒です。相手の買う気が盛り上がっているところでクロージングしないといけません。

買う気がない人にどんなに一所懸命クロージングしても無駄です。

例えば、洋服を「見ているだけの時」はいろいろな商品を見たいので、「これがいいです」と勧められても、あまり気乗りしません。

しかし、買おうと思っている時に、「こういうものもあります」「これが似合います」と言われると、ついつい買ってしまいます。

心の中でクロージングを待っている時、あと少し押してくれたら買うのに、という気持ちの時があります。

買う理由にはさまざまあると思いますが、「勧めてくれたから」というのもそのひとつだと思います。私は新入社員の頃、上司に「お客様はクロージングを待っているものだ」と言われました。

人はクロージング待っているという事情を意識しているのかどうかはわかりませんが、Bさんは常にクロージングします。

「さあ」

「それでは」

「もうどうですか」

さまざまな言葉のあとに、必ず「会いましょう」と続けます。何度もやっていると、お客様が負けてアポが取れるのです。これはすごい技術です。

しかし、本人に聞くと何も考えていないそうです。会いたいと思っているから、会わないと何も始まらないから、アポを取っているのだそうです。

本人が意識しないでこれができるのですから、すごいことです。意識してしまうと、タイミングの悪い時に近づいてくる、売れない店員さんみたいになるのかもしれません。

ポイント
お客様は背中を押してほしい時もある

突然クロージング

前項の「クロージングの連呼」とは対照的なケースを紹介します。

「突然クロージング」をかけるCさんです。

本当に突然です。横で会話を聞いていると、「はい、はい」と同意していたかと思うと、突然「○日にお伺いさせてください」とクロージングをかけます。

かなり突然で脈絡がありません。

このCさんにどういうことなのか聞いてみると、本人はあまり意識がなく、「今がクロージングのタイミングだと思ったから」という回答です。

前後の会話をヒアリングしても、クロージングのタイミングとは思えません。しかし、会話を注意して聞いて、わかったことがあります。

クロージングをかける直前の会話では、相手の方に押されているのです。テレアポをコントロールできていないのです。このままだと切られてしまう、そんな状態です。

そこで、このCさんは無意識にテレアポをコントロールしようとしたのでしょう。

それが、クロージングをかけることだったのです。

この方法は、１５０ページで述べた「ＮＯをあえて引き出す」やり方に近いと言えます。

突然クロージングをかけると、相手の答えは当然「ＮＯ」です。まだ、クロージングをかけるほど相手の気持ちが盛り上がってはいない状態ですから。

しかし、会話の主導権は握れます。

思い出してください、先にしゃべったほうが主導権を取るということを。この場合、クロージングに対して、相手が話さなくてはならない状況になっています。

そこでＣさんは押されていた会話を立て直しているのです。押された会話の内容を遮って、別の話に広げています。

これも、意識してやっていたらすごいと思いますが、無意識のうちにやっているのです。

二つの例からもおわかりでしょうが、自分のやり方・方法、勝利の方程式を持っていると強いのです。

このパターンに持ち込めば勝てるという方法、水戸黄門で、黄門様が印籠を出すとすべてが解決する、ヒーローが必殺技を出すと怪獣が必ず負ける、という自分なりのパターンです。

それは何でもいいと思います。多少めちゃくちゃでも、自分がやりやすい方法を見つけてください。

型にはまったやり方が合う人と、自由にやったほうが合う方がいます。後者の場合は、ある程度のラインからズレなければ、オリジナルのやり方をしてもいいと思います。

結果的にアポが取れればすべて解決です。

ただし管理する立場の人は、「どうしてそうなるのか」という論理を理解しておく必要があります。

物事には必ず原因と結果があります。それを追求して、他の人のテレアポにも役立てることができないかどうかを考えるべきです。

1件のテレアポからも貪欲に何かを得ましょう。それを蓄積しましょう、記録を取りましょう、データを分析しましょう。

これは、テレアポ向上のために必ず役立ちます。

ポイント

基本ラインからズレない範囲でオリジナルなやり方を追求するのもひとつの手

「今から伺います」

これもクロージングの手法です。

Dさんはなかなか煮え切らない相手には、「今から伺います」「今からお時間ありますか」と切り出します。

相手は「そんな急に言われても」となりますが、「では、いつならよろしいですか？」と切り返します。そこで相手が「○日なら」となる場合があります。

この流れの意味はおわかりでしょうか？　論点を変えているのです。

「会う」「会わない」の会話をしていたところに、「今から」という、相手が受けられない条件を提示して、その後に引き受けやすい条件を提示しています。

これによって相手は、最初の案は受けられないものの、次の案なら受けられる、納得できる、となるのです。勝手に譲歩しているのです。

心理学では「ドア・イン・ザ・フェイス」と言われるテクニックです。

わざと無理な、相手が受けられないような提案をして、一度断らせてから、本来の提案を提示するというテクニックです。

例えば、昨今の企業買収の際の攻防がいい例ですが、買収側の最終的な目的が、高額の株価での買い取り、金銭的な要求だったとします。経営に参画する意思がない場合、そのことを最初は言いません。交渉ではまず、配当金の要求など株主としての要求を提示します。しかし、その要求を企業側はなかなか受け入れられません。そこで、「株を買い取ってくれ」と提示するのです。

企業側は買収される、あるいは配当金を出すことよりは、株を買い取るほうが条件的にいいので、これに応じます。買収の恐怖に怯えなくてもよくなりますから。

大きな要求を提示して、小さな要求を受けてもらう方法です。

「今から伺います」という、相手が受けられない要求を提示するのも、結局は「今から」ではない、「会う」という小さな要求を受け入れてもらっているのです。

もちろん、相手のスケジュールが空いていて「今から」会える場合もありますから、自分のスケジュールも確認しておいてください。

ポイント
無理な要求をすることで、それより小さなお願いを聞いてもらえることもある

資料送付のうっかりミス

「先日、資料を送付させていただきました、○○の○○と申します。資料を送付させていただいたのですが、届きましたでしょうか？」

届いたけど見ていない、というケースはよくあります。

そこで、次のように話しているEさんがいます。

「実は、一部資料を入れ忘れてしまったので、それを一度お持ちしたいのですが。不手際があり、たいへん申し訳ありません。○○様もお忙しいでしょうから、お伺いした時に詳しくご説明させていただきます」

実はこのスクリプトは、前著で私が受けたテレアポのスクリプト例として紹介したものを、アレンジしています。

私が受けたのは、初めてのテレアポで「発送ミスがあって資料が届いてないと思うので、届けたい」というものでした。

おそらく資料は送付していないと思います。しかし、これも論点をズラしていて、まず発送ミスのほうに意識を持ってこさせています。

言われたほうは、「もしかしたら、誰か他の社員のところに間違って届いているのかもしれない」と考えます。

「会うことを拒否するということを考えさせない」ところを狙った、非常によくできたスクリプトです。

これをEさんが少しアレンジしています。

あなた　「資料は届きましたか」
相手　「あー、届いたよ」
あなた　「ご覧いただけましたか」
相手　「忙しくて見てないよ」
あなた　「そうですか、ではまたご連絡いたします。ぜひ、資料を見てください」

普通はこんな感じで、資料を送っても見てないケースが多いものです。

それがわかっているので、Ｅさんは資料を見た・見ないの会話はしません。こちらで入れ忘れた資料があるので持っていきたい、と言います。

資料送付を許可したのなら、担当者はまったく興味がないわけではありません。興味がない場合は資料も必要ないのですから。

ただし、資料など見てないのがほとんどです。

そこで、資料到着をひとつのコミュニケーション、きっかけと考えましょう。新たにアポを取ろうとすると相手はまた逃げるかもしれないので、こちらでミスをしましたということを理由に会いに行くのです。

こちらがミスをしたのなら、相手のほうが立場は上です。相手にとって、〝売られない〟ためには、立場が上という状況が重要です。

テレアポの相手に会うと売られてしまう、という意識が働くため、会いたくないのです。

しかし、この場合は「ミスをした」と詫びています。詫びている相手に何かを強引に売られる確率は限りなく低いため、「会う」ということになります。

ポイント

こちらがミスをしたことにすれば相手の立場が上になり、会ってもらいやすい

「おはようございます」「こんにちは」――挨拶から入る

テレアポの第一声には、皆さん工夫をしていると思います。

私の場合は、ご紹介したように「はい」と言ってから始めます。

Fさんは、「もしもし」の前に「おはようございます」「こんにちは」と言ってから始めています。元気よく「こんにちは」と言っています。

聞いていて気持ちがいいもので、電話を受けた相手の印象もとてもいいでしょう。

第一声だけで電話を切られる場合もあることから、最初のひと言の重要性がわかります。

切られてしまうのは、テレアポだとわかってしまうからです。

「おはようございます」「こんにちは」もテレアポだとわかってしまいますが、明るい声で言っているので、イヤな感じにはなりません。この時、満面の笑みが必要です。ここでもノンバーバル・コミュニケーションに注意しましょう。

ポイント
第一声は明るく笑顔で

「ニーズはありませんか?」

実践例の中で、今回は悪い例も出しましょう。

まずは、「ニーズはありませんか?」です。これは、私の会社のアポインターが使ってはいけないトークです。

なぜかと言うと、ほとんど100%近く、「ニーズはない」と言われてしまうからです。必ず「NO」なのです。

相手にとっては電話を切りやすいトーク、断りやすいトークと言えます。何も、断りやすいパスを投げる必要はありません。

また、「ニーズがない」と言われてしまうと、その次のスクリプトが難しくなります。

相手の答えが「YES」か「NO」かわかりにくい場合や、テレアポの流れが悪い時以外は、自分からNOを引き出すことは避けるのが無難です。

しかし、なぜか多くのアポインターは会話に困ると「ニーズはありませんか?」と言ってしまいます。

その背景には、テレアポの流れをコントロールできずに困っているということがあります。

意識しているかどうかわかりませんが、「ニーズはありませんか?」と聞くと相手が断ってくれるので、電話を終えられると考えてしまうのでしょう。

「コントロールできない電話から逃げたい」というのが本音だと思います。

人によってそれぞれ、困った時のキラートークと、困った時の逃げのトークがあります。

キラートークは使うべきですが、逃げのトークを使うことに慣れてしまうと問題です。

テレアポは断られることも仕事だと述べましたが、粘らずに自分から断られるように仕向けるクセがついてしまうと、応酬話法ができなくなり、単調で断られるばかりのテレアポになってしまいます。

テレアポをコントロールできない場合は、逃げのトークを使わずに、テレアポを止めましょう。コントロールできないと思ったら「すみません、またかけます」と言って電話を切り、すぐに、どこが悪かったのか考えることです。

そして、その原因を次に活かすことです。

ポイント

電話から逃げるために、断られやすいトークを使ってはいけない

テレアポ1000本ノック

最後は私の実践例です。

私は現役のアポインターで、今もテレアポをしています。

しかし、ときどきアポが取れなかったり、気持ちが落ち込んだり、今日はテレアポをしたくない、と思う日があります。そんな時にやることがあります。

テレアポ１０００本ノックです。

その日は朝から晩まで、ひたすらテレアポをします。お昼もカップラーメンやパンにして、ただひたすらにやります。

その時は何も考えません、ただひたすらテレアポするだけです。ヘトヘトになって声が枯れるまでやります。

なぜやるのかと言うと、大きな意味はありません。体がテレアポの感覚を覚えるためにやります。

テレアポは運動に近いところがあって、耳や口などの五感を使って、全身で感じながら行ないます。ですから、体のトレーニグが必要なのです。

また、ひたすら数をこなすと、迷いが消えます。無心でやると、ランナーズハイのような状態になり、時間を気にせずにテレアポできるようになります。体が勝手に動くのです。まさに、テレアポ1000本ノックです。

実際には1日1000本は時間的に無理ですが、とにかくその日はアポ率に関係なくひたすら電話をかけます。

テレアポをしていると、精神的に弱ってくる時がありますが、グズグズ悩んでも解決方法がないと思った時は、体を動かします。体を動かすことで頭の悩みを吹き飛ばします。

野球の1000本ノックの目的は、技術の向上よりも精神面の鍛錬だと思いますが、テレアポも同じことです。

そんな時こそテレアポ1000本ノックです。ただひたすらにテレアポをすると、見えてくることがあります。

私も日々、勉強しています。戦っています。

ポイント
スランプに陥った時は、ひたすらテレアポをすると迷いが消える

おわりに

今回の出版は、コンサルティング・テレアポ代行のクライアント、テレアポの商材をご購入いただいたお客様、メルマガ・ブログの読者の皆様、数多くの方々の力をお借りして実現しております。

皆様に感謝いたします。

長くテレアポの仕事をしていますが、前著『即効即決！ 驚異のテレアポ成功術』の出版後、以前にも増して多くの方と接する機会をいただき、私自身もかなり勉強させていただきました。

特に今回の本では、いろいろな方のやり方を事例として掲載させていただきました。私自身の勉強にもなりましたが、読者の方にも役に立つことと信じております。

テレアポは到達点がない仕事だと思います。

私自身、現役のアポインターとして日々、テレアポしていますが、アポが取れない時もあります。

断られて落ち込むこともあります。

テレアポの仕事では、皆さんと何ら変わることはありません。たまたま、皆さんより長くテレアポをしているだけかもしれません。

また、私が音頭を取ってアポインターの地位向上を実現したいと考えているところですが、なかなか簡単にはいきません。

ただ、テレアポされる側、する側、両方がハッピーになれるようなテレアポの方法はこれからも模索していきたいと思っています。

これからもメルマガやブログでテレアポの情報は配信していきますので、参考にしていただければ幸いです。

最後にもう一度、今回の本にご協力いただいた皆様に感謝いたします。

ありがとうございます。

有限会社リンクアップスタッフ　竹野　恵介

著者略歴

竹野　恵介（たけの　けいすけ）

有限会社リンクアップスタッフ　代表取締役

1966年生まれ。東京都出身。専修大学法学部卒業後、アルミサッシメーカー、輸入商社、外資系生命保険会社、人材紹介の会社の営業マンなどを経て、2002年3月有限会社リンクアップスタッフを設立。

生命保険会社から一貫して、テレアポで新規開拓を行なう。現在、約10年のテレアポ経験を活かし、テレアポ・電話営業のコンサルティング、代行、教材の販売を行なっている。

今までなかったテレアポ・電話営業のノウハウを、メールマガジン、ブログ等で公開し、法人から個人のアポインターに至るまで徹底支援している。

圧倒的なテレアポ経験から、「テレアポで困ったら竹野に聞け」と言われるまで支持を得ている。

現在も「テレアポ職人」と名乗り、自身もアポインターとして活躍中。

著書に『即効即決！ 驚異のテレアポ成功術』（同文舘出版）

■連絡先

有限会社リンクアップスタッフ

〒167-0043　東京都杉並区上荻1-24-19-201　TEL：03-3220-5887　FAX：03-3220-5897

e-mail：takeno@linkup-jp.com

テレアポゲット研究会　URL：http://www.telapo.com

テレアポ専門ブログ　URL：http://linkup.livedoor.biz

無料メールマガジン　URL：http://www.mag2.com/m/0000150818.html

7日間で身につく！

驚異のテレアポ成功話法

平成18年9月22日　初版発行

平成25年3月13日　9刷発行

著　者　竹　野　恵　介

発行者　中　島　治　久

発行所　同文舘出版株式会社

東京都千代田区神田神保町1-41　〒101-0051

電話　営業03（3294）1801　編集03（3294）1803

振替　00100-8-42935　http://www.dobunkan.co.jp

 ISBN4-495-57291-1

印刷／製本：東港出版印刷　Printed in Japan 2006